日本企業における資金再配分

―企業レベルデータに基づく検証―

植杉 威一郎

JN122993

三菱経済研究所

謝辞

　本書は，著者がこれまで行ってきた日本企業の資金配分に関連する共同研究における論文の内容をまとめて紹介したものである．元となる論文の共著者である内田浩史，小野有人，坂井功治，中島賢太郎，細野薫，宮川大介の各氏には，日頃より様々な研究活動をご一緒させていただいている点に感謝申し上げたい．

　また，本書執筆の機会を与えてくださった塩路悦朗先生と公益財団法人三菱経済研究所常務理事の杉浦純一氏に感謝申し上げたい．杉浦氏には，原稿内容に関する相談に乗っていただき，その完成に向けて常に励まして頂いた．また，お送りした原稿に丁寧に目を通してくださり，多くの重要なコメントをお寄せいただいた．これらのコメントにより最終稿を改善することができた．杉浦氏をはじめ，ここまで本書の執筆を支えてくださった公益財団法人三菱経済研究所の皆様に，深く感謝申し上げたい．

2023 年 1 月 23 日

植杉　威一郎

第1章

本書の概要

　日本企業における資金調達環境は，1980年代以降最近に至るまで大きな変化を経験してきた．資産価格バブルの形成と崩壊，不良債権問題に端を発する金融危機，世界金融危機，失われた20年とも言われる長期経済低迷，そして現在進行中のコロナ禍である．こうした変化の結果として，バブル期やその後しばらくの間は投資超過だった企業部門は，1990年代半ば以降貯蓄超過に転じて今日に至っている．また，有利子負債・借入金依存度もコロナ禍の前までは低下する傾向にあった．

　しかし，こうした平均値だけで日本企業の資金調達動向の全体像を捉えることはできない．日本企業全体での借入依存度が低下している中でも，その依存度の高い企業もいれば低い企業も存在しており，異質性は大きい．具体的には，金融機関からの支援がなければ事業の存続が難しいゾンビ企業のように，借入金に多くを頼っている企業がある一方で，バランスシート上に全く借入金残高を計上していない無借金企業や，借入金を上回る現預金を有する実質無借金企業のように，借入に依存しない企業も多く存在する．こうしたゾンビ企業や無借金企業についての分析は日本でも進んでおり，Caballero, Hoshi, and Kashyap (2008)，Fukuda and Nakamura (2011)，Tsuruta (2016)，Cuong, Shimizu, and Cui (2020) などの先行研究が存在する．

　企業間で異質な資金調達状況の背景には，資金調達を増やしている企業と減らしている企業とが同時に多数存在している状況がある．現実の資金調達に関係する行動をみても，内部資金で賄えない設備資金や運転資金の調達，既存債務の約定返済および満期到来返済，財務リストラクチャリングを目的とした債務圧縮，経営危機企業の不良債権回収や金融再生支援，といった多種多様な現象が同時的かつ継続的に生じている．つまり，企業の資金調達行

動は，景気変動をはじめとするマクロショックだけではなく，個々の企業レベルの固有ショックにも影響されており，同一の景気局面にあっても，その資金調達行動は本来的に企業間で異質（heterogeneous）であると考えられる．このような企業の資金調達行動の異質性は，企業から企業への資金の再配分が大規模に生じている可能性を示唆している．

　資金に限らず企業活動に用いられる資源の企業間の再配分に注目する研究としては，雇用に関するものが端緒である．米国を対象にした Davis, Haltiwanger, and Schuh (1996) など数多くの研究がこれまでにも行われてきており，日本でも，玄田 (2004) など多くの研究が存在する．しかしながら，資金再配分に関する研究は，これまで Herrera, Kolar, and Minetti (2011)，Hyun and Minetti (2019) など米国や韓国に関するものはあるが，日本では行われてきていない．

　そこで本書では，Sakai and Uesugi (2021)，植杉・坂井 (2022)，植杉 (2022, 第 2 章) の内容を紹介する．具体的には，日本企業における資金配分の異質性に注目し，企業間の資金再配分の動向と，それが企業の生産性と関係している程度を明らかにする．特に，日本経済の不況期や長期停滞期における企業間の資金再配分の動向とその効率性を，分析の対象とする．その際には，不況期における資源配分を対象にした理論分析がいくつか存在しているので，これらの理論モデルを参照しつつ，実際の日本の資金再配分の動向を解釈する．

　資金再配分に係る具体的な検証内容には，以下の 3 つがある．第 1 は，不況期における資金再配分の大きさである．不況には，景気循環における短期的な不況と日本における「失われた 10 年」のような長期的な経済停滞の両方を含む．第 2 は，資金配分と生産性との関係であり，第 3 は，金融機関の支援がなければ事業の存続が難しい，いわゆるゾンビ企業と資金再配分との関係である．具体的には，ゾンビ企業の存在が産業における資金配分効率性に及ぼす影響や，ゾンビ企業自身における資金配分の非効率性，といった点が検証課題となる．

　資金再配分に関連して本書で分析対象とするのは，企業間の有形固定資産に関する再配分の動向とその効率性である．資産には様々なタイプ（流動・

固定，有形・無形）があるが，特に有形固定資産は，1件当たりの規模が大きいために購入の際に資金調達が必要となる場合が多い．また，有形固定資産は借入の際の担保に使われるために，有形固定資産の価値と資金調達の程度，経済活動水準は互いに連関している．すなわち，有形固定資産の価値の上昇（下落）は担保価値の上昇（下落）を通じて企業における資金調達環境の改善（悪化）をもたらし，経済活動をより活発にする（停滞させる）．これは資産から得られる将来収益を押し上げてさらなる有形固定資産価値の上昇（下落）をもたらす．

このように，有形固定資産の価値と資金調達の活発さとの間に密接な連関がある場合には，資金再配分の程度は，有形固定資産の再配分程度に大きな影響を受けているのかもしれない[1]．こうした見方を踏まえて，Uesugi et al. (2018) を紹介する．具体的には，有形固定資産が担保に使われることが多い土地とそれ以外の資産に区分した上で，それぞれの再配分程度や生産性との関係を調べ，資金再配分の動向と有形固定資産の動向とを比較観察する．

有形固定資産に関する再配分の動向には，資産価格をはじめとする様々な要素が影響する．これらのうちの会計制度に特に注目し，その変更が有形固定資産の再配分にもたらす影響を分析した植杉・中島・細野 (2019) を紹介する．2000年代半ばに，財務諸表上における有形固定資産の減損計上が主に上場企業を対象にして強制適用されるようになった．この制度変更は，有形固定資産，特に土地の企業間の再配分に大きな影響している可能性があるため，植杉・中島・細野 (2019) に基づきその点を検証する．

本書で紹介するこれらの実証分析には，いずれも上場企業と非上場企業，大企業と中小企業をともに含む企業レベルデータを用いる．基本的には政府統計である財務省法人企業統計季報の個票データを用い，必要に応じて他の

---

[1]　一方で，資金調達と有形固定資産の間における担保を介した関係については，米国上場企業では不動産担保融資は限られているのではないかという指摘（Lian and Ma, 2021）や，日本の中小企業においても担保付貸出が占める比率は低下しているという指摘（植杉, 2022）がなされている．有形固定資産と資金調達との連関が弱まると，有形固定資産の再配分と資金の再配分との動きが異なるものになる可能性もある．

データを補完する.

　それぞれの分析で得られた結果はおおむね以下の通りである.

・企業間での資金や資産再配分の規模（＝有利子負債や有形固定資産を増や
　す企業の増加幅と減らす企業の減少幅を合計して測る資源移動の活発さ）
　を計測すると，有利子負債と有形固定資産いずれにおいても，その規模は
　ネットでの変化を大きく上回る．大規模な企業間での資金と資産の再配分
　が起きている.
・資金配分と全要素生産性との関係をみると，大企業では，1990年代にお
　ける失われた10年と言われる時期に，生産性の高い企業から低い企業に
　有利子負債の再配分が行われていた．しかし，それ以外の時期には全体で
　の生産性水準を上昇させるような資金配分が行われていた．一方で中小企
　業では，生産性と資金配分との間に有意な統計的な関係が存在しないこと
　が多い.
・有形固定資産の再配分をみると，特に土地に関する企業間の再配分程度
　が，1990年代初頭以降大きく落ち込んでおり，資金再配分の動向と似通っ
　ている．これは，特にバブル崩壊期において不動産取引と資金調達の動向
　とが密接な関連を有していたことを示唆する.
・有形固定資産に関する減損会計の適用に伴い，非上場企業での土地の再配
　分について，減少幅の合計が増加する傾向がみられた.

　これ以降本書は，以下の構成をとる．第2章では，分析に用いるデータに
ついて説明する．第3章では，日本企業の資金調達環境の平均的な姿を把握
するために，法人企業統計の集計統計を用いて投資・貯蓄超過程度や有利子
負債への依存度の変遷を示した後，企業間の資金再配分の動向を示す．第4
章では，企業間の資金配分の効率性についての検証結果を示す．第5章では，
土地を含む有形固定資産に関する企業間の再配分動向とその効率性について
の検証結果を示す．第6章では減損会計という制度変更による有形固定資産
の再配分への影響についての分析結果を示す．第7章では結語を述べる.

第2章

分析に使用するデータ

　本章では，本書で使用する企業レベルデータについて説明する．3章以下の分析では，政府統計である法人企業統計四半期別調査（以下，法人企業統計季報とする）を用いることが多いため，主にその統計についての説明を行う．なお，この法人企業統計調査を個票利用するに際しては，経済産業研究所を通じて財務省財務政策総合研究所への政府統計の個票利用申請を行い，承認を得ている．

2.1　法人企業統計季報データ

　財務省法人企業統計季報は，統計法にもとづき日本の営利法人の企業活動の実態を把握する目的で行われている基幹統計調査のひとつである．1949年度第4四半期を調査開始時点として，資本金，出資金または基金が1,000万円以上の営利法人を調査対象とし，四半期ごとに当該法人の基本属性および財務諸表の仮決算計数を調査している．本統計のサンプル抽出方法は以下である．2008年度調査以前においては，全法人を資本金階層別，業種別に層化したうえで，(1) 資本金1億円未満の法人は等確率系統抽出，(2) 資本金1億円以上10億円未満の法人は資本金による確率比例抽出，(3) 資本金10億円以上の法人は全数抽出によってサンプルを抽出している．2009年度調査以降においては，(1) 資本金5億円未満の法人は等確率系統抽出，(2) 資本金5億円以上の法人は全数抽出によってサンプルを抽出している．2014年度第1四半期における母集団法人数と回答法人数は，資本金1億円未満の法人において母集団法人数1,002,817社に対して回答法人数8,773社，資本金1億円以上10億円未満の法人において母集団法人数27,058社に対して回答

法人数8,951社，資本金10億円以上の法人において母集団法人数6,053社に対して回答法人数5,417社である．

本書第3章から第5章の分析では，この法人企業統計季報のうち，1980年度から2014年度までをサンプル期間とし，金融業・保険業を除いた全企業をサンプル対象とする．

2.2 法人企業統計附帯調査データ

財務省法人企業統計の2006年度調査では，附帯調査として「「固定資産の減損会計」の導入について」を実施している．第6章の分析では，この調査結果を利用して，非上場も含めた企業の固定資産の減損計上の有無を把握する．

この附帯調査は，2006年度法人企業統計年次別調査のうち，資本金1億円以上の標本法人を対象として行われたものである．母集団法人数33,357社のうち，標本法人数14,897社に調査票が送付され，そのうち10,986社が回答した（回答率は73.3％）．資本金区分別には，資本金10億円以上については，母集団法人数と標本法人数はいずれも5,612社，回答法人数は4,331社である（回答率は77.2％）．資本金1億円以上10億円未満については，母集団法人数は27,745社，標本法人数は9,285社，回答法人数は6,655社である（回答率は71.7％）．年次別調査の附帯調査として行っているために，法人企業統計季報には回答していないが附帯調査に回答している法人が，若干数存在する可能性がある．

調査では，2003年度から2006年度までの毎年度実績と，2007年度以降における予定の固定資産の減損計上額を，全体と資産別（土地，建物，機械装置，その他有形固定資産，建設仮勘定，ソフトウェア，その他の資産）について調べている．同時に特別損失に計上した減損損失額についても調べている．

第6章の分析では，この調査結果を用いて減損計上に関するダミー変数を（上場企業についてのみならず）非上場企業についても作成して用いる．減損計上については，附帯調査における回答内容を固定資産全体，有形固定資産，無形固定資産の減損損失額に分けて企業・年度ごとの減損計上ダミー変数を作成する．その上で，有形固定資産の減損計上の有無を推計に用いる．

2.3　信用調査会社の企業の参入・退出についてのデータ

第 3 章や第 4 章で扱う資金再配分の程度を議論するに際しては，企業の参入・退出についても併せて考えることが必要であり，そのための情報も必要となる．法人企業統計には，企業参入を特定するための企業年齢や市場からの退出年に関する情報が存在していない．これらの情報を入手するために，ここでは日本における最大の信用調査会社の一つである帝国データバンク（TDB）が提供するデータベースである COSMOS2 を用いる．この COSMOS2 には，4 百万社を超える日本企業についての情報が含まれている[2]．研究者は経済産業研究所を通じて，このデータベースにおける従業員 40 人以上の企業の 1999 年以降の情報を利用可能である．

法人企業統計と COSMOS2 との間には共通の企業番号が存在しないため，企業名，企業情報の記録時点，資本金額，所在地都道府県情報を用いてマッチングを行った．その結果として 1999 年から 2014 年の間にマッチできた企業・年の数は 695,599 件である．

このマッチされたデータセットにおいて企業が最初に現れた年と最後に現れた年に注目する．データセットに現れた年と COSMOS 上における設立年が同じであれば，それを企業の設立年とする．COSMOS2 における退出年と法人企業統計に最後に現れた年が一致すれば，それを企業の退出年とする．

第 3 章の分析では，このデータセットを用いて，企業の参入・退出が資金再配分の程度に及ぼす程度を調べる．また第 4 章の分析では，これらの参入企業・退出企業を含めて分析することにより，企業間の資金配分が生産性を上昇させる方向に行われているかを検証する．

---

[2] TDB のウェブサイトによれば，同社は約 420 万社についての企業情報を保有しているとのことである（https://www.tdb.co.jp/info/topics/k170501.html を 2021 年 3 月 21 日アクセス）．政府の経済センサスによれば，約 150 万社の法人企業，約 230 万社の個人事業主，合計約 380 万社の企業が存在するとされている．これを踏まえると，TDB のデータベースは数の点で日本に所在する企業のほぼすべてをカバーしていると言える．

第3章

日本企業の資金再配分

本章では，植杉・坂井（2017）と Sakai and Uesugi（2021），植杉（2022, 第2章）の内容を紹介する．1980年代以降における企業間での資金再配分を計測するとともに，それがどのように時間を通じて変動するかを調べる．資金再配分の規模は，有利子負債を増やす企業の増加幅と減らす企業の減少幅を合計して得られる，資金移動の活発さで把握する．第3.1節では，集計統計に基づいて日本企業における平均的な資金調達環境を示す．第3.2節では，企業間の資金再配分指標について定義を示した上で，第3.3節ではその規模を概観する．

3.1 企業部門における平均的な資金調達環境の変化

企業間での資金再配分を計測する前に，法人企業統計の集計データから得られる，日本企業の有利子負債への依存度の変化に注目し，1980年代から現在に至るまでの動向を示す．

日本企業では，1980年代から1990年代半ばまでは実物投資が内部資金を上回る投資超過の状態にあったが，それ以降は反対に，内部資金が実物投資を上回る貯蓄超過の状態にある．

実物投資が内部資金を上回る投資超過であればその分をファイナンスするための資金調達（有利子負債増加，新株発行，現預金の取り崩し）が必要である一方で，内部資金が投資を上回る貯蓄超過であれば資金調達を減らす（有利子負債返済，配当や自社株買い，現預金の積み増し）ことになる．実際に，近年の企業部門における貯蓄超過の状態は，金融機関からの借入金や社債といった有利子負債への依存度の低下をもたらしている．そうした有利

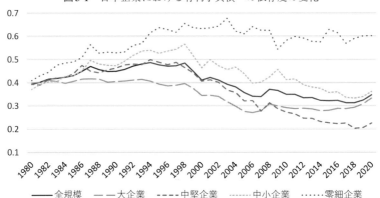

図3-1　日本企業における有利子負債への依存度の変化

凡例：——全規模　— — 大企業　- - - - 中堅企業　········· 中小企業　·········· 零細企業

(注) 有利子負債依存度＝（金融機関借入金＋その他借入金＋社債)/総資産
(出所) 法人企業統計年報から著者計算.

子負債への依存度の低下を示したものが，図3-1である.

　法人企業統計の1980年度からコロナ禍の2020年度までの変化を社債，金融機関借入金，その他借入金からなる有利子負債への依存度についてみると，全体では1990年代後半までは緩やかに上昇傾向にあったものが，それ以降低下を続けている. 2008年秋以降の世界金融危機や2020年から始まったコロナ禍の時期には一定程度依存度は上昇するが，全体の傾向を変えるまでには至っていない.

3.2　企業間資金再配分指標の定義

　第3.1節では，平均的な企業の資金調達環境を法人企業統計の集計量をもとにして把握した. しかし，企業間の異質性を考慮した企業間の資金再配分動向を把握することに大きな意義がある. そこで第3.2節では，資金再配分の定義を示す.

　資金再配分に関連する指標については，Herrera, Kolar, and Minetti（2011）と同様に，Davis and Haltiwanger（1992）で示された雇用再配分の計測手法を，企業の負債を通じた資金調達に応用する.

　(1) 式に示しているように，企業 f の $t-1$ 期末と t 期末の有利子負債の平

均を c_{ft} とする．有利子負債は借入金と社債からなる．F_{st} は t 期のセクター s（産業 s）に属する企業の集合を示し，集合 F_{st} 全体の $t-1$ 期末と t 期末の有利子負債の平均を C_{st} とする．また，企業 f の t 期の有利子負債伸び率 g_{ft} は，$t-1$ 期末から t 期末にかけての有利子負債の変化を c_{ft} で除したものである．

　資金増加（POS）は，企業の集合 F_{st} のうち $t-1$ 期末から t 期末にかけて有利子負債を増加させた企業について有利子負債伸び率 g_{ft} を加重和したもの，資金減少（NEG）は，$t-1$ 期末から t 期末にかけて有利子負債を減少させた企業について有利子負債伸び率 g_{ft} の絶対値を加重和したものである．POSは企業が有利子負債を大きく増やせば増やすほど，NEGは企業が負債を大きく減らせば減らすほど，その値が大きくなる．

$$POS_{st} = \sum_{\substack{f \in F_{st} \\ g_{ft} > 0}} \left(\frac{c_{ft}}{C_{st}} \right) g_{ft} \quad NEG_{st} = \sum_{\substack{f \in F_{st} \\ g_{ft} > 0}} \left(\frac{c_{ft}}{C_{st}} \right) |g_{ft}| \tag{1}$$

　次に，資金再配分（SUM）は，資金の増加と資金の減少を合計したものであり，(2) 式のとおりである．

$$SUM_{st} = POS_{st} + NEG_{st} \tag{2}$$

　資金再配分（SUM）は，企業間でどの程度の資金の出入りが生じているのかを示すと同時に，企業の資金調達行動の異質性の程度を示す指標でもある．企業の有利子負債が大きく増減するほど，資金再配分（SUM）は大きくなる．

　資金純変化（NET）は，資金増加と資金減少の差分であり，(3) 式のように定義される．

$$NET_{st} = POS_{st} - NEG_{st} \tag{3}$$

　資金純変化（NET）は，個々の企業の有利子負債伸び率 g_{ft} を全企業について加重和したものに等しく，企業の有利子負債のマクロ集計量の伸び率を示している．

　さらに，資金再配分を測るために SUM と同様に用いられる指標として，超過資金再配分（EXC）がある．超過資金再配分とは，(4) 式にあるように資金増加から資金純変化の絶対値を引いたものである．超過資金再配分

（EXC）は，最低限必要とされる企業部門全体の資金純変化（NET）の水準を上回る，資金再配分の程度を示している．

$$EXC_{st} = SUM_{st} - |NET_{st}| \qquad (4)$$

3.3　資金再配分の規模

　ここでは第3.2節で示した定義に基づいて，資金再配分がどの程度の規模であるかを概観する．表3-1で1980年度から2014年度までの有利子負債の資金再配分指標（四半期ごとの指標の平均値）をみると，資金増加（POS）が4.2%，資金減少（NEG）が3.6%，資金純変化（NET）が0.6%である．POSとNEGを合計した資金再配分（SUM）は7.7%，資金純変化を上回る資金再配分の規模を示す超過資金再配分（EXC）は6.4%である．これらの値は，企業部門全体が抱える有利子負債に対して，有利子負債の増加や減少が四半期ごとにどのくらいあったのか（POSとNEG），ネットではどのくらい変化したのか（NET），増加分と減少分を合わせた資金再配分はどのくらいの規模だったのか（SUMとEXC）を示している．

　企業の有利子負債のネットベースの変化を，30年を超える期間で均して眺めると，四半期ごとに1%弱の上昇を続けている程度である．しかし，裏で起きているのは企業単位のダイナミックな資金の増減であり，結果として企業間で相当程度の資金の再配分が起きていることが分かる．

表3-1　日本企業における資金再配分の程度（四半期ごとの変化率，期間は1980年度から2014年度）

	POS	NEG	NET	SUM	EXC
有利子負債	0.042	0.036	0.006	0.077	0.064
金融機関借入金	0.044	0.039	0.005	0.083	0.069
短期金融機関借入金	0.081	0.078	0.002	0.159	0.133
長期金融機関借入金	0.049	0.042	0.007	0.092	0.071
社債	0.04	0.035	0.005	0.075	0.05

（出所）植杉・坂井（2017, 表1）
（注）POSは資金増加，NEGは資金減少，NETは資金純変化，SUMは資金再配分，
　　　EXCは超過資金再配分の程度を意味する．

表 3-2　日本企業における雇用と資本ストック再配分の程度（同上）

	POS	NEG	NET	SUM	EXC
雇用	0.030	0.028	0.002	0.059	0.047
資本ストック	0.024	0.017	0.006	0.041	0.031
土地	0.018	0.007	0.010	0.025	0.013

（出所）植杉・坂井（2017, 表2）
（注）POS はそれぞれの経営資源の増加，NEG は減少，NET は純変化，SUM は再配分，EXC は超過再配分の程度を意味する．

　次に，有利子負債の内訳を項目ごとに見ていく．資金再配分の大きさはどのように変わるのか．表 3-1 の金融機関借入金の行以下に示したとおり，返済までの期間によって資金再配分の規模が異なる．期間が 1 年以内の短期金融機関借入では，資金再配分の規模が大きい一方で，1 年超の長期金融機関借入と社債では小さい．短期借入金の場合，1 年以内に返済期限が訪れるので，企業は頻繁にその新規契約や返済を行っており，結果として短期金融機関借入の資金再配分程度が大きくなっていると考えられる．

　資金の再配分は，雇用や資本といった生産要素の再配分に比してどの程度活発に行われているだろうか．法人企業統計に含まれている従業員数や有形固定資産などの情報を用いて，雇用と資本ストック，土地の再配分程度を同じ時期について計測した結果を表 3-2 で示す．雇用と資本ストック，土地について増加（POS）はそれぞれ 3.0% と 2.4%，1.8% である一方で，減少（NEG）は 2.8%，1.7%，0.7%，POS と NEG を合計した再配分（SUM）は 5.9%，4.1%，2.5%，超過再配分（EXC）は 4.7%，3.1%，1.3% である．純変化（NET）自体には資金と生産要素との間で違いはないので，企業間で資金が移動する程度は，生産要素の移動の程度よりも大きいと言える．

　これらの資金再配分指標に関する集計結果を観察する上で留意が必要なのは，表 3-1 の結果が存続企業に関するものに限られており，企業の新規参入や退出を考慮したものになっていない点である．参入もしくは退出する企業では，資金残高が参入・退出の時点でそれぞれ大きく変化する．新たに設立された企業においては，参入前にゼロだった有利子負債残高が時間とともに増加する．一方で，倒産や廃業で市場から退出する企業では，退出前に負債残高が正だった場合でも，退出後にはそれがゼロになる．個々の企業におけ

る変化は，集計される資金増加（POS）や資金減少（NEG）のg_{fi}（有利子負債の伸び率）の部分に反映され，資金再配分指標に大きな影響を与えそうである[3]．一方で，新規参入企業や退出企業が企業数全体に占める割合は小さく，企業の新陳代謝が起こりにくい日本では特にその傾向が強いため，影響は限定的かもしれない．

　分析に用いる法人企業統計季報には，企業の設立年の情報がなく，また，企業の退出を特定する情報も含まれていないため，TDBデータベースを法人企業統計に接合し，期間中に参入・退出した企業について推測するとともに，参入・退出したと推測できる企業を含む資金再配分の規模と，これら企業を除いた場合の再配分の規模をそれぞれ計算する．結果を表3-3で示す．参入・退出企業を含めた資金再配分指標を，含まない指標と比較すると，大企業ではほとんど両者の差はないのに対し，中小企業では前者が後者を資金減少（NEG）で1%ポイント程度，資金増加（POS）で0.3%ポイント程度上回る傾向にある．

　企業規模や産業，地域の違いは資金再配分の大きさにどのような影響をもたらすのか．表3-4をみると，従業員数で測った企業規模が小さいほど資金再配分の規模が大きい．最も小さい従業員50人未満の企業では資金再配分（SUM）は8.6%であり，最も大規模な従業員1万人以上の企業（5.9%）の1.5倍程度になっている．資金純変化（NET）は規模間でほとんど違いがなく，資金増加（POS）と資金減少（NEG）の規模が，企業規模間で大きく異なっている．

　表3-5で資金再配分指標を産業別にみると，資金再配分の大きさには相当程度の違いがあることがわかる．建設業や食料品製造業では資金再配分（SUM）が12%を超えている一方で，電気・ガス・熱供給・水道業では4%を下回る．産業間では資金純変化（NET）にかなりの違いがあることを踏まえて，これを調整した超過資金再配分（EXC）でみても，建設業，食料品製

---

[3]　分析の中では，g_{fi}を（当期負債残高－前期負債残高)/0.5（当期負債残高＋前期負債残高）と定義しているので，g_{fi}がとり得る値の範囲はマイナス2からプラス2である．新規参入企業では，参入時に資金を得るのであればg_{fi}の値はプラス2と，とり得る値の最大となる．一方，退出企業では，退出前の資金残高が正であれば，g_{fi}の値はマイナス2，すなわち最小値となる．

表3-3　企業の参入と退出を考慮した場合の資金再配分の程度（四半期ごとの変化率，期間は2000年度から2014年度）

全体

	POS	NEG	NET	SUM	EXC
2000Q1－2014Q4（除く参入・退出）	0.033	0.034	0.000	0.067	0.052
2000Q1－2014Q4（含む参入・退出）	0.033	0.035	−0.001	0.068	0.054
H0：参入・退出を含める・含めないにかかわらず同じ		***	**	***	***

大企業

	POS	NEG	NET	SUM	EXC
2000Q1－2014Q4（除く参入・退出）	0.033	0.034	0.000	0.067	0.051
2000Q1－2014Q4（含む参入・退出）	0.033	0.035	−0.001	0.068	0.053
H0：参入・退出を含める・含めないにかかわらず同じ		***	**	***	***

中小企業

	POS	NEG	NET	SUM	EXC
2000Q1－2014Q4（除く参入・退出）	0.038	0.043	−0.005	0.081	0.069
2000Q1－2014Q4（含む参入・退出）	0.041	0.053	−0.011	0.094	0.073
H0：参入・退出を含める・含めないにかかわらず同じ	***	***	***	***	***

（出所）Sakai and Uesugi（2021 最初の改訂稿，Table 3 (a)）
（注）***, **, * はそれぞれ1%，5%，10%水準で帰無仮説を棄却する．

表3-4　資金再配分の程度（四半期ごとの変化率，有利子負債，従業員規模別）

従業員数	POS	NEG	NET	SUM	EXC
0−49	0.046	0.04	0.005	0.086	0.07
50−99	0.047	0.037	0.009	0.084	0.065
100−499	0.044	0.037	0.007	0.081	0.063
500−999	0.042	0.037	0.005	0.079	0.06
000−4999	0.043	0.036	0.007	0.078	0.06
5000−9999	0.036	0.031	0.005	0.067	0.045
10000−	0.031	0.027	0.004	0.059	0.03

（出所）植杉・坂井（2017, 表4）
（注）POS は資金増加，NEG は資金減少，NET は資金純変化，SUM は資金再配分，EXC は超過資金再配分を意味する．

表3-5　資金再配分の程度（四半期ごとの変化率，有利子負債，業種別）

産業	POS	NEG	NET	SUM	EXC
SUM が高い業種					
建設業	0.067	0.062	0.005	0.13	0.089
食料品製造業	0.064	0.059	0.005	0.123	0.087
電気機械器具製造業	0.059	0.049	0.011	0.108	0.071
SUM が低い業種					
鉄鋼業	0.031	0.029	0.002	0.06	0.031
運輸業	0.03	0.025	0.005	0.056	0.042
電気・ガス・熱供給・水道業	0.021	0.017	0.004	0.038	0.009

表3-6　資金再配分の程度（四半期ごとの変化率，有利子負債，都道府県別）

都道府県	POS	NEG	NET	SUM	EXC
SUM が高い都道府県					
高知	0.056	0.048	0.008	0.103	0.061
福井	0.052	0.047	0.005	0.098	0.065
岐阜	0.052	0.044	0.008	0.096	0.069
佐賀	0.05	0.046	0.004	0.096	0.053
SUM が低い都道府県					
広島	0.039	0.032	0.007	0.071	0.052
宮城	0.037	0.031	0.005	0.068	0.047
香川	0.036	0.031	0.005	0.067	0.049

（出所）植杉・坂井（2017, 表4）
（注）POSは資金増加，NEGは資金減少，NETは資金純変化，SUMは資金再配分，EXCは超過資金再配分を意味する．

造業が高く，電気・ガス・熱供給・水道業や鉄鋼業で低い傾向にある．

　表3-6で都道府県別の資金再配分指標をみると，地域間での違いの程度は産業間よりも小さい．資金再配分（SUM）が最も高い高知県でも10.3％，最も低い香川県では6.7％である．産業間における資金再配分程度の差異が，地域間の産業構成の違いを通じて，地域間の資金再配分程度の差異につながっている可能性がある．

　さらに資金再配分が，規模，産業，地域といったセクター内で起きているのか，それともセクター間で起きているかを調べる．超過資金再配分（EXC）は，以下の式（5）のように異なるセクター間で生じるもの（between effect）と同一セクター内で生じるもの（within effect）の2つに分解できる．

表3-7　セクター間とセクター内の資金再配分の比率

Decomposition	業種	地域	企業規模
Between effect	0.124	0.095	0.068
Within effect	0.876	0.905	0.932

（出所）植杉・坂井（2017, 表5）

$$EXC_t \cdot C_t = \left(\sum_{s=1}^{S} |NET_{st} \cdot C_{st}| - |NET_t \cdot C_t| \right) + \sum_{s=1}^{S} EXC_{st} \cdot C_{st} \tag{5}$$

　右辺第1項はセクター間（between）の再配分，第2項はセクター内（within）の再配分の程度を示している．表3-7は，業種，地域，企業規模でセクターを定義した場合に，それぞれが全体に占める割合を示している．いずれの場合においても，企業の資金再配分の9割程度は，セクター内における個別企業間の資金調達行動の異質性によって説明できることがわかる．

3.4　資金再配分程度の変化

　これまでにみてきた日本の企業部門全体での資金再配分の規模は，時間を通じてどのように変化しているのだろうか．日本経済は，1980年代以降現在に至るまでに，大きな浮き沈みを経験した．この期間中には，短期的な景気変動だけではなく，中期的な経済の変動もあった．すなわち，資産価格バブルが生じた時期，その崩壊後に不良債権問題を契機とする金融危機が発生した時期，それ以降の時期ごとに経済成長率は大きく変化した．ここでは，短期的な景気後退期と，資産価格バブルの崩壊後に続いた経済の停滞期それぞれにおいて，どの程度の資金再配分が生じていたのかという点に注目する．

　生産に用いられる資源の中でも資金に注目すると，不況期の資金再配分の大きさに関する，いくつかの理論予想を立てることができる．そこで以下ではどのような理論的な見方があるかを概観する[4].

---

[4]　この小節における記述は植杉（2022, 第2章）に依拠している．以下で紹介する理論モデルのうちのいくつかは，必ずしも資金配分に注目するのではなく，一般的に生産に必要な資源の配分に注目している．以下では，資金を生産に必要な投入の一つとしてみなして不況期における資金再配分の程度について論じるが，資金制約に

17

3.4.1　不況期における資金再配分の大きさについての理論的な整理

　経済に負のショックが生じて不況になった時に，新たに生成される生産単位の数や消滅する生産単位の数はどう変化するか，その結果として，資源，とりわけ資金の再配分程度がどう変化するかという点から見ていこう．これを実証的にとらえるには，本章の前半でみた資金再配分の指標である資金増加（POS），資金減少（NEG），資金再配分（SUM），超過資金再配分（EXC）がどのように動くかに注目する必要がある．理論的には，不況期に資源の再配分程度が大きくなるという見方と，小さくなるという見方の両方が存在する．

不況期には既存の設備が廃棄され，資源再配分の規模が拡大

　不況期ほど生産に用いられる資源の再配分が活発に行われる，という可能性を指摘した論文としては，Caballero and Hammour（1994）がある．彼らの理論モデルでは，導入時点では最先端だが時間とともに陳腐化していき，古くなると廃棄されるような生産設備を考えている．需要が減少すると，企業は生産設備の新たな導入をやめるか，まだ古くなっていない生産設備の廃棄を増やすかして対応する．新規生産設備導入に伴う費用が逓増的である場合には，企業は，景気変動に応じて生産設備導入の量を変えることはせず，むしろ既存の生産設備を廃棄する量を増減して需要の変動を吸収しようとする．つまり企業は，不況期には新規生産設備の導入を減らすよりもむしろ，既存生産設備の廃棄を多く行う．このとき，既存の生産単位を多く廃棄することに伴う資源再配分の拡大効果が，新たな生産単位創出を減らすことに伴い資源再配分の縮小効果を上回り，不況期ほど資源再配分の規模が大きくなるという現象が生じる．

不況期には銀行と企業の関係が希薄化し，資金再配分の規模が拡大

　生産単位の創出と廃棄に伴う資源一般の再配分ではなく，特に資金の再配

　直面しない環境下ではそうした前提が成り立たないことに留意しておく必要がある．

18

分に注目し，不況期に増加することを示したモデルとして，denHaan, Ramey, and Watson（2003）がある．彼らのモデルでは家計，貸し手，起業家が存在しており，家計が行う貯蓄を貸し手が起業家に資金として提供し，それを用いて起業家が生産を行う．貸し手から起業家に生産資源が提供されるためには，マッチングにより両者がリレーションシップを築く必要がある．

　こうした環境下で，負の生産性ショックが起きて貸し手と起業家との間にあるリレーションシップの数が減少すると，起業家に流れる資金が減少して投資収益率が低下するために，さらにリレーションシップの数が減少して投資が行われなくなる．新たなリレーションシップの生成数に変化がなかったとしても，既存のリレーションシップの消滅数が増えるため，不況期における資金再配分の規模は，これまで起業家に提供されてきた資金の減少度合いの高まりを反映して大きくなる．

　denHaan, Ramey, and Watson（2003）の理論モデルは，不況期ほど，これまでに存在していた企業と金融機関との関係が消滅するために，本章の3.2節で定義した資金減少（NEG）の規模が大きくなり，その結果として資金再配分（SUM）の増加規模も大きくなることを示唆している．この考え方に基づけば，景気変動と資金再配分の規模とは逆相関の関係にあり，不況期ほど資金再配分の規模が拡大すると予想できる．シュンペーターが言うところの創造的破壊が不況期に生じていると言える．

不況期には経営不振企業が退出しないため，資源再配分の規模は縮小

　一方で，資源再配分の規模は不況期にむしろ縮小することを示した理論モデルも存在する．Caballero and Hammour（2005）は，労働市場とそこで行われる雇用の創出と消失に注目した．その上で，不況期に雇用の消失が増大して労働の再配分程度が増加するというこれまでの見方に反対する結果を示した．すなわち彼らは，不況に入った当初の段階から雇用の消失の増大とともにその創出度合いが低下していること，その後雇用消失の程度が減少している効果を合わせて考えると，雇用の再配分程度は不況後にむしろ低下すること，を米国の労働市場で見出した．その上でCaballeroらは，こうした事実と整合的な理論モデルを提示した．

不況期には既存の貸出契約が更新されるため，資金再配分の規模が縮小

Caballero and Hammour（2005）と似た結論を，資金の再配分に注目して導き出した研究もある．Chamley and Rochon（2011）は，denHaan, Ramey, and Watson（2003）と同様に，貸し手である銀行と借り手である起業家との間でマッチングが行われる理論モデルを提示している．彼らの特徴は，日本の銀行が追い貸しをしていると指摘された点をモデル化して，不況期における資金再配分の規模が，denHaan, Ramey, and Watson とは反対に縮小するという理論予測を示している点にある．

Chamley and Rochon（2011）のモデルでは，銀行には，契約を更新（ロールオーバー）して長期貸出を提供し続けるか，貸出契約を打ち切ってマッチングを通じて新しいプロジェクトに資金提供するかという選択肢が与えられている．この結果，銀行がロールオーバーして起業家に長期貸出を提供する均衡と，それをせずに新しい貸出先を常に探す均衡という 2 つの均衡が存在する．前者では，ロールオーバーが続き，資金増加・資金減少のいずれも生じないために資金再配分の規模も小さい．一方，後者では銀行が常に，既存の貸出先との取引をやめて新たな貸出先を探そうとしているので，資金減少・資金増加とその合計である資金再配分の規模はいずれも大きくなる．

不況期における資金再配分の規模を平常期と比較すると，どのような予想ができるか．Chamley and Rochon（2011）では，不況期になると貸出先の状況を確認するための費用（verification cost）がより多くかかると想定しており，その分だけマッチングによって得られる新しいプロジェクトへの貸出の収益率が低下する．このために，銀行がロールオーバーして長期貸出を行い続ける均衡が実現しやすくなり，資金再配分の規模は低下すると見込まれる[5]．

Caballero and Hammour（2005）や Chamley and Rochon（2011）は，生産単位に用いられる資源一般に注目するか，資金に注目するかという違いはあるが，いずれの理論モデルも不況期に資源の再配分規模が小さくなると予想している点で共通している．特に Chamley and Rochon（2011）は，資金のやり

---

[5] この点は杉浦純一氏より，「不況期に業況が悪化する取引先が増えて新規先を開拓する余裕がなくなるという点で，銀行実務とも整合的ではないか」とのご指摘を頂いた．

取りに注目したマッチングモデルという点ではdenHaan, Ramey, and Watson（2003）と同じであるにもかかわらず，対照的な理論予想を導出している．すなわち不況期ほど，資金増加（POS）も資金減少（NEG）の規模も小さくなり，結果として資金再配分（SUM）も小さくなるというものである．

3.4.2　不況期における資金再配分の大きさに係る実証分析

　ここまで，不況期における資金再配分の大きさに関して，理論モデルに基づく予測を概観してきた．相反する見方が存在するため，データを用いていずれが正しいかを検証する必要がある．

　検証に際しては，不況がどの時期を指すかを明らかにしておく必要がある．1980年代以降の日本を対象としているので，景気循環の中での短期的な不況と，バブル崩壊後の深刻な経済危機が生じた時期を含む「失われた10年」と言われる経済停滞の両方に注目する．短期的な景気変動を把握するために，日銀の全国企業短期経済観測調査（短観）の業況判断DIを用いる．

　失われた10年については，内閣府の経済社会総合研究所が公表している景気基準日付で示される景気循環の山と谷の時点を用いて特定する．すなわち，バブル崩壊時の景気の山であった1991年1–3月期から2000年代の最初の景気の谷である2002年の1–3月期までとする．「失われた10年」のみを経済の停滞期とする見方については，日本経済の停滞が1990年代にとどまらず，それ以降も続いていたことから「失われた20年」にするべきとの考え方もありうる[6]．しかし，後で見るように，資金再配分の大きさや効率性については，1990年代とその前後では大きな違いが存在しており，特に90年代を中心とする「失われた10年」に注目して分析することに意味がある．

　最初に示すのは，全企業でみた資金再配分指標の時間を通じた動きの概略である．図3-2は，資金増加（POS），資金減少（NEG），資金再配分（SUM），純資金変化（NET）の各指標の動きを表している．図の白で塗られている時期は景気の拡張期，灰色の時期（シャドー部分）は後退期である．1990年代

---

[6] 「失われた20年」における日本経済を論じている研究の代表的なものとしては，深尾（2012）がある．

図3-2　資金再配分指標の時系列推移
（a）資金増加（POS），資金減少（NEG）

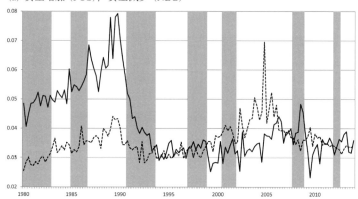

（b）資金再配分（SUM）

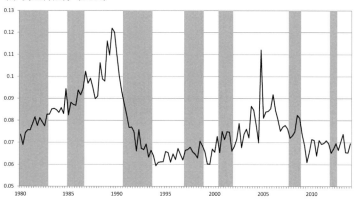

（c）資金純変化（NET）

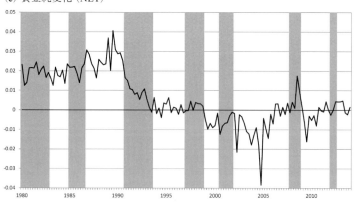

図**3-3**　1標準偏差分の負のショックへの資金再配分指標のインパルス応答

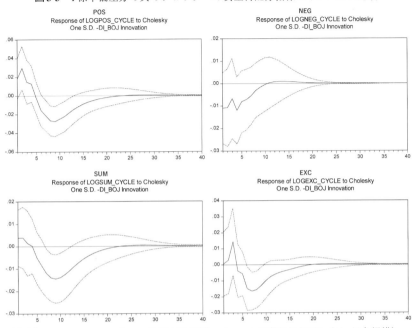

（出所）Sakai and Uesugi（2021最初の改訂稿，Figure 2 の表記されていないが全規模）
（注）POS は資金増加，NEG は資金減少，NET は資金純変化，SUM は資金再配分，
　　　EXC は超過資金再配分を意味する．景気指標には日銀短観業況判断 DI を用いて
　　　いる．横軸は四半期数．

に入って間もなくいずれの指標も大幅に水準が低下していること，大企業・
中堅企業では 2008 年秋のリーマンショック後の世界金融危機時に，流動性
需要を反映して資金増加（POS）の程度が増したことが分かる．

　次に示すのは，短期的な景気循環における資金再配分の動向をみるため
の，日銀短観の業況判断 DI と資金再配分指標との相関に関する検証である．
図 3-3 は，Vector Auto Regression（VAR）により 1 標準偏差分の負のショック
が日銀短観業況判断 DI に生じた場合のインパルス応答を示している．

　資金増加（POS），資金再配分（SUM），超過資金再配分（EXC）については，
5 期目から 10 期目にかけて有意な負の領域の値を得ている．この結果は，不
況期に業況が悪化すると，1 年以上の遅れをもって資金再配分の程度も縮小

表3-8　資金再配分の程度（失われた10年とその前後の比較）

有利子負債　大企業・中堅企業（資本金1億円以上）

	POS	NEG	NET	SUM	EXC
失われた10年の前後	0.040	0.031	0.009	0.071	0.054
失われた10年	0.032	0.033	0.000	0.065	0.048
帰無仮説：失われた10年＝その前後	***		***	***	***

有利子負債　中小企業（資本金1千万円以上1億円未満）

	POS	NEG	NET	SUM	EXC
失われた10年の前後	0.051	0.043	0.008	0.094	0.075
失われた10年	0.037	0.034	0.003	0.071	0.059
帰無仮説：失われた10年＝その前後	***	***	**	***	***

（出所）Sakai and Uesugi（2021, Table 1）
（注）1. POSは資金増加，NEGは資金減少，NETは資金純変化，SUMは資金再配分，
　　　　　EXCは超過資金再配分を意味する.
　　　2. ***, **, * はそれぞれ，1％, 5％, 10％水準で，失われた10年における再配分
　　　　　指標の値がその前後の値と異ならないという帰無仮説が棄却されることを意
　　　　　味する.

すること，その際には資金増加程度の縮小が大きく影響していることを示している．一方で，資金減少（NEG）については，業況が悪化しても統計的に有意な反応を示さない．

　次に示すのは，失われた10年とそれ以外の期間における資金再配分の大きさである．これにより，中期的な経済停滞が生じている時期の資金配分の規模を他の時期と比較する．表3-8は，分析期間を大まかに1980年代，1990年代（失われた10年に相当），2000年代に分けた上で，企業規模別に資金再配分の大きさを示している．大企業と中小企業で共通しているのは，失われた10年における資金再配分の規模がそれ以外の時期に比して小さくなっている点である．資金増加（POS）の程度も落ち込んでいる．一方で，企業規模間で異なるのは，資金減少（NEG）の変化の方向である．大企業・中堅企業では資金減少（NEG）の規模は時期によって有意に変わらないが，中小企業では資金減少（NEG）の規模が1990年代に小さくなっていた．

　以上から，日本では，不況期になるほど資金再配分の規模が小さくなるという仮説と整合的な結果が得られた．この結果をもたらした最大の要因は，

不況期における資金増加（POS）程度の大幅な縮小である．また，資金減少（NEG）程度も拡大せずに，変わらないか小さくなる傾向にあることも，資金再配分程度の縮小に影響している．これは，不況期には銀行と企業間の関係が打ち切られるのではなく，むしろこれまでの貸出契約が継続される傾向が強いためと思われる．

3.5　まとめ

　本章では，法人企業統計四半期調査の個票データを用いて，有利子負債に関する企業間の資金再配分の程度を観察した．その活発さを，有利子負債を増やす企業の増加幅と減らす企業の減少幅を合計などで計測すると，その規模はネットでの変化を大きく上回る．大規模な企業間での資金と資産の再配分が起きている．

　もっとも，この結果は日本企業のみを対象にしたものである．日本における企業間の資金再配分の規模が国際的にみて大きいのか小さいのかを，これだけで知ることはできない．そこで，先行研究のある米国や韓国と比較をすると，日本企業では，規模の大小を問わず資金再配分の程度は相対的に小さい（植杉，2022）．

　資金再配分の程度と景気循環との関係をみると，不況期になるほどその程度は小さくなるという結果が得られた．これには，不況期には資金増加の程度が小さくなること，資金減少の程度が大きくはならないことが影響している．Hyun and Minetti（2019）で示されている韓国における1997年の金融危機時のエピソードと比較すると，韓国では危機の発生に伴って資金減少（NEG）の程度が大幅に拡大した一方で，日本の失われた10年における資金減少（NEG）の程度は，大企業では有意に変化せず，中小企業では小さくなっている点が特徴的である．

　不況期に資金減少（NEG）の程度が大きくならないという日本の結果を最も解釈しやすいのが，Chamley and Rochon（2011）が示した貸出のロールオーバーに基づく議論である．日本の金融機関は，不況期には貸出を引き揚げて新たな貸出先を探すよりも，既存の融資を継続することを選んでいる可能性がある．

—

第4章

資金再配分の効率性

本章では引き続き，企業間の資金再配分に注目し，植杉・坂井（2017）と Sakai and Uesugi（2021），植杉（2022, 第2章）の内容を紹介する．具体的には，再配分の効率性，すなわち，企業間の資金配分が生産性の低いところから高いところへと行われているのか，それとも反対なのかという点について検討する．第3章で紹介した資源や資金の配分に関する理論モデルの多くは，効率的な資源配分を前提として議論している．しかしながら，不況期には効率的な資源配分という傾向がより強まるか，それとも弱まるかという点について検討したいくつかの理論研究が存在する．

本章では，第4.1節でこれらの理論研究の内容を概観した上で，第4.2節では資金再配分の効率性に関する実証分析を行う．その上で第4.3節では，再配分が非効率的になっている場合に注目し，そのメカニズムについての検証結果を示す．

4.1　資源再配分の効率性に係る理論仮説[7]

本節では，経済に負のショックが生じて不況になった時に，資金や労働，資本など生産に用いられる資源の再配分が効率的に行われるかどうかを考える．再配分が効率的であれば，生産性の低い企業がその利用する資源の量を減らす一方で，生産性の高い企業が用いる資源量を増やすことになる．これまでみてきた先行研究の多くは，不況期ではない通常の時期においては，効率的な資源の再配分が行われるという前提で議論している．問題は不況期に，こうした効率的な資源の再配分の程度が強まるのか，それとも弱まるの

---

[7]　本節の内容は，特に植杉（2022, 第2章）に依拠している．

かという点である.

　まず, 不況は資源再配分の効率性をより強めるという議論が存在する. すなわち, 生産性の高い企業が平常期よりも多くの資源を利用する一方で, 生産性が低い企業では従来よりも少ない資源しか利用しない, という状況が景気後退時に生まれる. Becsi, Li, and Wang (2005) は, 起業家の質 (例えば生産性) が互いに異なるという前提の下で, 資金市場におけるマッチングを考える. 彼らのモデルでは, 不況期には, 既存の銀行と起業家との間のつながりのうち, 質の低い起業家と銀行とのつながりほど切れやすくなる. 銀行とのつながりが切れることにより起業家の資金調達が困難になるため, 起業家の質が高ければ資金が得られるという程度が, 不況期にはより強まる. これは, 資金配分の効率性がより強まっている状況であると言える.

　一方で, 不況は資源再配分の効率性を弱める, もしくは非効率な資源再配分をもたらすという議論もある. 理論モデルに基づく議論では, 次に挙げる2つの理由で効率性が減じたり, 非効率な資源の再配分が生じたりする.

　効率性が減じる第1の理由は, 市場に摩擦があるために効率的な資源配分が達成されない, という見方である. 例えば, 資金を貸借する市場で貸し手と借り手との間に情報の非対称性などの摩擦があり, 十分な信用力があるにもかかわらず借り入れることができない企業があったとする. このような資金制約が不況期に何らかの形で生産性に関係する場合, 不況期には通常とは異なる生産性と資源再配分との関係がもたらされることになる.

　Caballero and Hammour (2005) は, 市場における摩擦を考慮に入れて, 労働市場での摩擦が存在する場合には効率的な資源再配分の程度が弱くなる, それに資金市場での摩擦が加わると非効率な再配分に転じるとした[8]. Barlevy (2003) は, 生産性の高い企業は, 資金需要も大きく不況期には真っ先に資金制約に直面するために, 不況期には生産性の高い企業ほど資金繰り難に陥ることを示した. この場合には, 生産性と資金再配分との関係が平常時とは反対であり, 非効率な資金再配分であると言える. Osotimehin and Pappada

---

[8]　Caballero and Hammour (2005), 効率性の程度が弱まる状態を sclerosis (動脈硬化), 効率的ではなく非効率な資源配分になる状態を scrambling (攪乱) と名付けている.

28

（2017）も Barlevy と同様の資金制約に注目している．しかし，制約の影響は質の高い企業だけではなく低い企業にも及ぶと考えているため，効率的な資源再配分の程度が弱まりはするが，非効率な再配分に転じるまでには至らないとしている．

　第 2 の理由は，貸し手のインセンティブが原因となり，現在価値が負で存続が難しい企業に対して追加的な資金供給がされる結果として，資金再配分の効率性が弱まる，もしくは資金配分が非効率なものに転じるという見方である．Dewatripont and Maskin（1995）や Berglof and Roland（1997）は，サンクコストがあるために，銀行が本来であれば存続するだけの生産性を有していない企業に対して追加的な貸出を行うという，ソフトな予算制約問題が発生することを示している．Bruche and Llobet（2014）は，経営難にある銀行には，一発逆転を狙って支払い能力の低い企業への貸出を続けるという動機があることを指摘している．不況期に銀行が経営難に陥るほど，こうした状況が生じやすい．

4.2　資金再配分の効率性に係る実証分析

　前節での議論から，理論モデルによって効率性が高まるという見方と低下するという見方の両方が存在することがわかった．相反する見方が存在するため，データを用いていずれが正しいかを検証する必要がある．

　企業部門における資金配分の効率性を検証する実証分析は，日本では数多く存在する．Sekine, Kobayashi, and Saita（2003）や Peek and Rosengren（2005）は，上場企業の借入が企業パフォーマンスや過去の債務にどのような影響を受けているかを検証した．本節で行う分析は，存続企業に焦点を当てて有利子負債と借入金の配分の効率性に注目する点で Peek and Rosengren（2005）のアプローチに近い．これまでの研究のほとんどは，日本での金融危機が深刻であった 1990 年代から 2000 年代の初頭を分析対象にしている．しかしながら，1980 年代から 2010 年代に至る中長期的な資金配分の効率性の変遷を分析したものは，これまでには存在しない．ここでの分析の付加価値の一つは，広い期間を分析対象として，効率性の程度が時間を通じてどのように変化したかを明らかにする点にある．

実証分析には，第3章の分析に用いた企業レベルのパネルデータを用いる．まずは(1)式のような定式化を採用する．短期的な景気循環の中で，資金配分の効率性がどのように変化するかを検証する．

$$g_{ft} = \alpha + \beta TFP_{ft-1} + \gamma Cycle_t + \delta TFP_{ft-1} \times Cycle_t + \theta X_{ft-1} + \xi Industry_i + \varepsilon_{ft} \quad (1)$$

左辺の被説明変数 g_{ft} は，資金再配分指標を作成する際に用いた，個々の企業における有利子負債（借入金と社債）の変化率である．右辺の説明変数として最も重要な変数は，企業レベルの全要素生産性である TFP_{ft-1} と景気循環を表す $Cycle_t$ である．全要素生産性はコストシェア方式で算出している[9]．景気循環を表す変数 $Cycle_t$ には，日銀短観業況判断 DI（全国，全産業）を用いる．不況期に資金配分の効率性が増すのであれば，両者の交差項の係数である δ は正となることが見込まれる一方で，効率性の程度が小さくなるのであれば δ は負になる．また，効率性の変化をみるのではなく不況期の配分が効率的か否かを調べるためには，$\beta + \delta Cycle_t$ が，景気が悪く $Cycle_t$ に用いている業況判断 DI が小さい時に，正の値をとるかどうかを調べる必要がある．この値が正であれば生産性の低い企業から高い企業への資金再配分が生じているが，負であればその反対方向の再配分が起きていることになる．

X_{ft-1} に用いるコントロール変数は，企業の総資産規模の対数値（$lnAssets_{ft-1}$），売上高伸び率（$Sales\_growth_{it-1}$），営業利益対総資産比率（ROA_{t-1}），自己資本比率（$Capital\_ratio_{t-1}$）である．

次に，交差項を含まない(2)式の定式化により，失われた10年とその前後の期間に分けた上で，資金配分の効率性がどのように変化するかを検証する．

$$gft = \alpha + \beta TFP_{ft-1} + \gamma Cycle_t + \theta X_{ft-1} + \xi Industry_i + \varepsilon_{ft} \quad (2)$$

対象となる期間を1980年度の第1四半期から1990年度の第3四半期，1990年度の第4四半期から2001年度の第4四半期，2002年度の第1四半期以降に分け，3本の推計を行う．失われた10年に相当する期間（1990年度の第4四

---

[9]　企業レベルの全要素生産性の計算に際しては，金榮愨氏から必要なコードを提供いただいたことに感謝申し上げる．

半期から2001年度の第4四半期）におけるβの符号が正になる場合には長期停滞の時期にも資金配分は効率的であると言える一方で，正であっても他の時期よりもβの値が小さい場合には，効率的である程度が弱いということになる．特にこの時期にβが負になる場合には，資金再配分は，高生産性企業から低生産性企業に向かって生じているという意味で非効率なものとなる．

ベースライン推計結果

　(1)式と(2)式の推計結果を表4-1で示す．表中の列(1)が推計式(1)の結果に相当し，列(2)から列(4)が推計式(2)の結果に相当する．まず列(1)で全期間に関する結果をみると，生産性，生産性と業況判断DIとの交差項の係数はいずれも正である．前期の生産性が高いほどその企業の有利子負債の伸び率は高いこと，経済全体の業況感が良い時期ほど，生産性が有利子負債の伸び率をより高める方向に影響している．

　これは，不況期には好況期よりも，企業の生産性が高まっても有利子負債の伸び率は低いものにとどまることを意味する．もっとも，得られた係数を元に計算すると，業況判断DIの水準がマイナス20よりも大きければ$\beta + \delta$ Cycle$_t$は正である[10]．分析期間中の大半の時期において，企業の資金配分は生産性が高いほど資金配分が増加するという意味において効率的である．

　一方で，業況判断DIの水準がマイナス20を下回る時期はある程度存在していた．特に失われた10年の期間では半分を超える期間で業況判断DIがマイナス20を下回っていた．他には1980年代の前半の1年足らずの間，2008年秋のリーマンショック以降の1年半がこれに当てはまる．これらの期間では，企業の資金配分は，生産性が低いほど資金配分が増加するという意味において非効率的であったと言える．

　次に，列(2)から列(4)で，失われた10年とその前後の期間を分割して推計した結果をみると，生産性の係数が失われた10年の期間中では負である一方で，その前後の期間では正になっている．1990年代の日本の金融危

---

[10] 表4-1の列(1)における生産性の係数と生産性とDIとの交差項の係数に基づき，$-0.00471/0.000239 \fallingdotseq -20$と計算している．

表4-1　ベースライン推計結果

被説明変数：有利子負債変化率
推計手法：最小二乗法

	全期間 （1）	失われた 10年以前 （2）	失われた 10年 （3）	失われた 10年以降 （4）
ln 生産性（TFP_ft-1）	0.00471***	0.0160***	− 0.00340**	0.00519***
	(0.00110)	(0.00265)	(0.00155)	(0.00142)
業況判断DI（Cycle_t）	0.000313***	6.33e-05**	0.000297***	4.55e-06
	(1.80e-05)	(2.83e-05)	(2.81e-05)	(3.87e 05)
ln 生産性×DI（TFP_ft-1×Cycle_t）	0.000239***			
	(3.93e-05)			
ln 総資産	− 0.00104***	− 0.000523	− 0.00113***	− 0.000760***
	(0.000157)	(0.000319)	(0.000258)	(0.000257)
売上高変化率	0.00343***	0.00163	0.00552***	0.00296***
	(0.000629)	(0.00124)	(0.000944)	(0.00111)
営業利益率	− 0.409***	− 0.365***	− 0.408***	− 0.514***
	(0.0126)	(0.0257)	(0.0211)	(0.0202)
自己資本比率	0.00653***	0.0330***	0.00472**	0.0151***
	(0.00119)	(0.00318)	(0.00201)	(0.00178)
定数項	− 0.000717	0.00694	− 0.00130	− 0.0166***
	(0.00269)	(0.00515)	(0.00411)	(0.00480)
産業固定効果	Yes	Yes	Yes	Yes
観測数	1,349,175	347,179	484,597	517,399
決定係数	0.002	0.002	0.002	0.002

（出所）Sakai and Uesugi（2021, Table 4）に基づき著者加工．
（注）カッコ内は robust standard error.
　　　***, **, * はそれぞれ，1%，5%，10%レベルでの有意水準を満たしていることを示している．

機を含む時期においては，企業の資金配分は，生産性の高い企業から低い企業に資金が移動するという意味において全般的に非効率であったと言える．

また，1980年代と2000年代以降を比較すると，80年代における生産性の係数βが2000年代以降におけるそれの大きさを上回っている．失われた10年以前の方が，生産性の違いに応じた負債変化率が大きく異なっているという意味において，2000年代よりも効率性の程度が高かったと言える．

4.3　なぜ非効率な資金配分が起きるのか：メカニズムの検証

第4.2節における推計で明らかになったのは，1990年代という失われた10年間における資金配分には非効率な側面があったという点である．しかしな

がら，こうした非効率性がなぜ生じたかという理由はこれだけでは分からない．理論的には，第4.1節の理論モデルのところで述べたように，生産性の高い借り手企業が資金制約に直面している可能性や，貸し手金融機関が不良債権の計上に伴い自らの損失を表面化させたくないなどの動機に基づいて生産性の低い企業への貸出を行う可能性などがあり得る．

いずれの要因が強く影響しているかを知るために，本節では，一般に資金制約に直面していることが多い中小企業と制約を抱えていない大企業とを分割した推計，金融機関からの金融支援を受けている企業とそれ以外を分割した推計，さらには，金融支援を多く受けている産業とそれ以外とを分割した推計を行う．

もし資金制約が非効率な資金配分の原因であるならば，制約に直面しそうな中小企業を対象にした推計で生産性の係数が大きく負になるはずである．一方で，もし金融機関のインセンティブが資金配分の効率性に歪みをもたらしているのであれば，金融機関からの金融支援がある企業・産業の場合に生産性の係数が負になるはずである．ここでは，金融支援の有無を，Caballero, Hoshi, and Kashyap（2008）で用いられた最優遇金利を下回る支払金利を得ている企業を特定することで判断している．

なお，Caballero, Hoshi, and Kashyap（2008）は，こうした金融支援を受けている企業を，金融機関の支援がなければ事業の存続が困難なゾンビ企業とみなしている．ゾンビ企業については，彼らのように支払金利の水準で金融機関からの支援の有無のみを判断基準にするものだけではなく，Fukuda and Nakamura（2011）のように，支払金利のみならず，負債水準・変化の方向や企業パフォーマンスも判断基準に加えるものも存在している．本稿ではCaballero, Hoshi, and Kashyapの基準のみを用いて分析結果を示す．ただし，植杉他（2022）が示すように，2008年秋の世界金融危機以降，金利のみをゾンビ企業の判断基準とすると，通常よりも低い金利で資金調達を行う優良企業が数多くゾンビと判定される傾向が強まる．最近年でゾンビ企業の検証を行う場合には，金利以外の変数も判断に用いるゾンビ基準の方が適切である点には留意すべきである．

金融支援の有無でサンプルを分割する場合，対象となる企業自身が支援を受けているかどうかに注目するやり方と，企業が属する産業が支援を多く受け

ているかどうかに注目するやり方の2通りがある．前者は，金融支援がなければ事業の存続が難しいゾンビ企業自身に注目するものであり，そのグループ内で非効率な資金配分が起きると予想する．後者は，Caballero, Hoshi, and Kashyap（2008）が論じたように，ゾンビ企業の多い産業内では混雑効果や外部性が発生する可能性に注目する．その結果として，産業内で非ゾンビ企業からゾンビ企業への資源の移動が起き，非効率な資金配分が生じると予想する．

なお，この金融支援の有無を用いて分割する推計では，被説明変数を（社債を含む）有利子負債ではなく金融機関借入金にしている．金融支援を行うのは金融機関が主であることを踏まえた変更である．

表4-2では資金制約が生じにくい大企業と生じやすい中小企業とでサンプルを区分した結果，表4-3では金融支援がなければ事業の存続が困難なゾンビ企業か否かでサンプルを区分した結果，表4-4では産業におけるゾンビ企業比率の高低でサンプルを区分した結果をそれぞれ示している．これらをみると，生産性の高い企業が資金制約に直面したために非効率な資金配分が起きているという可能性は低い．むしろ，支援がなければ事業の存続が難しいゾンビ企業やゾンビ企業比率の高い産業において，非効率な資金配分が生じている可能性が高い．

表4-2をみると，資本金10億円以上の大企業で失われた10年の期間中に生産性の係数が有意に負になっている一方で，大企業・中堅企業，中小企業のサンプルでは生産性の係数は有意ではない．中小企業では資金制約に直面している企業が多いはずだが，これら中小企業ではいずれの期間の生産性の係数も負になっていない．生産性の高い企業が資金制約に直面した結果，失われた10年である1990年代に非効率な資金配分が起きた，との説明は難しい．ここでむしろ注目すべきは，資金制約に直面しにくいはずの大企業で1990年代を中心とする期間に非効率な資金配分が起きていた点である[11]．

---

[11] 1990年代以前から大企業では，金融市場における規制緩和の結果として株式市場を通じた資金調達が容易になっていた．こうした中で，生産性の高い大企業ほど株式市場で資金調達する，もしくは，蓄積した利益を用いて自己資金の範囲内で設備投資などの資金需要を賄うといった行動をとっていた可能性がある．こうした行動が，大企業における非効率な資金配分を説明するのかもしれない．

表 4-2　企業規模別推計結果

被説明変数：有利子負債変化率
推計方法：最小二乗法

	大企業			大企業・中堅企業			中小企業		
	失われた10年間以前 (1)	失われた10年 (2)	失われた10年以降 (3)	失われた10年間以前 (4)	失われた10年 (5)	失われた10年以降 (6)	失われた10年間以前 (7)	失われた10年 (8)	失われた10年以降 (9)
ln 生産性	0.0166***	− 0.00694***	0.00909***	0.0192***	− 0.00261	0.00737***	0.00681	0.000548	0.00186
	(0.00568)	(0.00249)	(0.00239)	(0.00309)	(0.00172)	(0.00164)	(0.00557)	(0.00374)	(0.00283)
観測数	94,546	183,056	190,068	250,672	386,536	401,828	96,507	98,061	115,571
決定係数	0.003	0.002	0.003	0.002	0.002	0.003	0.003	0.003	0.003

（出所）Sakai and Uesugi（2021, Figure 5）に基づき著者加工.
（注）カッコ内は robust standard error.
　　　***, **, * はそれぞれ，1%，5%，10% レベルでの有意水準を満たしていることを示している.
　　　生産性以外の説明変数は表記を省いている.

表 4-3　金融機関からの支援有無別推計結果

被説明変数：金融機関借入金変化率
推計方法：最小二乗法

	金融支援を受けた企業			受けていない企業		
	失われた10年間以前 (1)	失われた10年 (2)	失われた10年以降 (3)	失われた10年間以前 (4)	失われた10年 (5)	失われた10年以降 (6)
ln 生産性	0.0224***	− 0.00653***	− 0.0165***	0.0123***	− 0.000694	0.00618***
	(0.00553)	(0.00237)	(0.00400)	(0.00322)	(0.00215)	(0.00144)
観測数	38,479	128,090	81,941	292,287	323,230	379,033
決定係数	0.004	0.004	0.003	0.001	0.001	0.002

（出所）Sakai and Uesugi（2021, Figure 6）に基づき著者加工.
（注）カッコ内は robust standard error.
　　　***, **, * はそれぞれ，1%，5%，10% レベルでの有意水準を満たしていることを示している.
　　　生産性以外の説明変数は表記を省いている.

　表 4-3 をみると，金融支援を受けている企業で生産性の係数が負になる期間が多い一方で，支援を受けていない企業では生産性の係数が有意に負になっていない．前者の企業では，失われた 10 年以降において高い生産性の企業から低い生産性企業に資金が移動する傾向がある一方で，後者の企業ではそうした非効率な資金の配分が行われていない．金融支援の有無が，資金

表4-4　金融機関からの支援多寡を基準にした産業別推計結果

被説明変数：有利子負債変化率
推計方法：最小二乗法

	金融支援を受ける企業比率が 最も低い四分位に属する産業			金融支援を受ける企業比率が 最も高い四分位に属する産業		
	失われた 10年間 以前 (3)	失われた 10年 (4)	失われた 10年 以降 (5)	失われた 10年間 以前 (8)	失われた 10年 (9)	失われた 10年 以降 (10)
ln 生産性	− 0.00258	− 0.000876	0.00478**	0.0211***	− 0.0107***	− 0.00165
	(0.00783)	(0.00334)	(0.00192)	(0.00461)	(0.00305)	(0.00518)
観測数	117,375	145,149	156,399	59,073	98,432	117,295
決定係数	0.003	0.003	0.003	0.004	0.002	0.003

（出所）Sakai and Uesugi（2021, 最初の版，Table 10)
（注）カッコ内は robust standard error.
　　　***, **, *はそれぞれ，1%，5%，10%レベルでの有意水準を満たしていることを示している.
　　　生産性以外の説明変数は表記を省いている.

配分の効率性の歪みに影響しているということが言える[12].

　表4-4をみると，ゾンビ比率が最も高い四分位に属している産業では，失われた10年において，高生産性の企業から低生産性の企業に資金が移動する傾向にある．一方で，その比率が最も低い四分位に属する産業では，失われた10年においても，資金が高生産性企業から低生産性企業に移動する傾向は観察されない．金融支援の受ける企業が多い産業では，混雑現象が発生しているために，資金配分の効率性に歪みが生じている可能性がある．

4.4　まとめ

　本章では，有利子負債に関する企業間の資金再配分の程度を観察した第3章を受けて，その効率性を検証した．

　資金配分と全要素生産性との関係をみると，大企業では，1990年代にお

---

[12] 興味深いのは，表4-3の列（3）でも生産性の係数が有意に負になっている点である．これは，2000年以降においても金融支援を受けた企業で非効率な資金配分が起きていることを示している．近年でも金融支援を受けている企業において非効率な資金配分が起きているという結果の含意を明らかにするのは，今後の課題である．

ける失われた 10 年と言われる時期に，生産性の高い企業から低い企業に有
利子負債の再配分が行われていた．しかし，それ以外の時期には全体での生
産性水準を上昇させるような資金配分が行われていた．一方で中小企業で
は，生産性と資金配分との間に有意な統計的な関係が存在しないことが多
い．

　失われた 10 年における非効率な資金再配分は，金融機関からの支援がな
ければ存続が難しかったゾンビ企業や，ゾンビ企業が多く存在していること
による混雑現象のために非ゾンビ企業の活動が妨げられていた可能性のある
産業において観察される傾向にあった．一部の結果では，これらのゾンビ企
業における資金配分の非効率性は最近年まで続いており，こうした現象の含
意を引き続き検証する必要がある．

第5章

企業間の有形固定資産再配分

本章では，Uesugi et al.（2018）の内容を紹介する．すなわち，第3章と第4章で資金再配分の動向やその効率性を論じたことを受けて，有形固定資産に注目する．有形固定資産の再配分程度を法人企業統計季報の個票レベルデータに基づいて把握する．その上で，有形固定資産の再配分の効率性について検証する．第5.1節では，有形固定資産の再配分指標について定義を示し，再配分の効率性を測るための分析手法を説明する．

5.1 分析手法の説明

5.1.1 企業間有形固定資産再配分指標の定義

企業間における有形固定資産再配分の程度に関する情報は，四半期ごとに表5-1（a）に示されているような形式で得ることができる．重要な点は，企業ごとの土地や土地以外の有形固定資産のネットでの財務諸表上での保有残高の変化が分かるだけではなく，これらの資産の購入額や売却額，新規取得額が分かることである．留意すべきは，土地への新規投資（N_Land_t）は埋立てや土地区画整理に限られ，また，土地価値の減価（D_Land_t）は採石などによる場合に限られるために非常に小さい点である．このことは，表5-1（b）でそれぞれの変数の実際の値を2014年度第4四半期について示しているものをみればわかる．N_Land_tとD_Land_tはそれぞれ60億円と8千万円にとどまっている一方で，土地購入（P_Land_t）と土地売却（S_Land_t）はそれぞれ1兆4,410億円と2兆2,460億円に上る．土地資産では，その購入と売却が新規投資よりもはるかに量的に重要である．一方で，土地以外の有形固定資産については新規投資の規模は非常に大きく，その売却や購入と規模において近い．

表5-1（a） t期の有形固定資産の取引に関する情報

	t期初に おける残高	新設投資	既存資産の 購入	減価償却	既存資産の 売却	t期末に おける残高
土地	$Land_{t-1}$	N_Land_t	P_Land_t	D_Land_t	S_Land_t	$Land_t$
土地以外の 有形固定資産	$Tangible_{t-1}$	$N\_Tangible_t$	$P\_Tangible_t$	$D\_Tangible_t$	$S\_Tangible_t$	$Tangible_t$

表5-1（b） 2014年度第4四半期における実際の値（単位：10億円）

	t期初に おける残高	新設投資	既存資産の 購入	減価償却	既存資産の 売却	t期末に おける残高
土地	165,724	6	1,441	0.08	2,246	164,925
土地以外の 有形固定資産	230,930	5,032	6,819	7776	3,396	231,610

（出所）Uesugi et al.（2018, Table 1）に基づき著者加工.

　こうした状況を踏まえて本章では，土地とそれ以外の有形固定資産の購入と売却，土地以外の有形固定資産の新規投資を変数として定義する[13]．具体的には，それぞれの資産についてt期における購入（POS）と売却（NEG），土地以外の有形固定資産については新規投資（NEW）を定義する．

$$POS\_Land_t = \sum_i \frac{P\_Land_{it}}{0.5\left(Land_{it-1}+Land_{it}\right)} \frac{Land_{it}}{\sum_i Land_{it}}$$

$$NEG\_Land_t = \sum_i \frac{S\_Land_{it}}{0.5\left(Land_{it-1}+Land_{it}\right)} \frac{Land_{it}}{\sum_i Land_{it}}$$

$$POS\_Tangibles_t = \sum_i \frac{P\_Tangibles_{it}}{0.5\left(Tangibles_{it-1}+Tangibles_{it}\right)} \frac{Tangibles_{it}}{\sum_i Tangibles_{it}}$$

---

[13] 法人企業統計では，土地以外の有形固定資産への新規投資には，建設仮勘定での新規投資としていったん計上された後に，すでに存在する土地以外の有形固定資産の購入として計上される場合がある．このままでは，既存の土地以外の有形固定資産の購入を過大計上することになるため，本章ではそうした過大推計が起きないような計数の調整を行っている．

$$NEG\_Tangibles_t = \sum_i \frac{S\_Tangibles_{it}}{0.5(Tangibles_{it-1} + Tangible_{it})} \frac{Tangibles_{it}}{\sum_i Tangible_{it}}$$

$$NEW\_Tangibles_t = \sum_i \frac{N\_Tangibles_{it}}{0.5(Tangibles_{it-1} + Tangibles_{it})} \frac{Tangibles_{it}}{\sum_i Tangibles_{it}}$$

P_Land_{it} と S_Land_{it} はいずれも土地デフレータ，$P\_Tangibles_{it}$, $S\_Tangibles_{it}$, $N\_Tangibles_{it}$ はそれぞれ投資デフレータでデフレートされている．次に，それぞれの資産の再配分（＝購入＋売却）とネットの再配分（＝購入−売却）を算出する：

$$SUM\_Land_t = POS\_Land_t + NEG\_Land_t$$

$$NET\_Land_t = POS\_Land_t - NEG\_Land_t$$

$$SUM\_Tangibles_t = POS\_Tangibles_t + NEG\_Tangibles_t$$

$$NET\_Tangibles_t = POS\_Tangibles_t - NEG\_Tangibles_t$$

これらの再配分に関する変数の定義は先行研究に沿ったものであり，これらの変数を以降の分析に用いることとする．

5.1.2　有形固定資産の再配分と生産性との関係

再配分程度の計測に続いて行う分析は，企業間の土地や土地以外の有形固定資産の再配分と企業ごとに計測される全要素生産性（Total Factor Productivity, TFP）の関係についてのものである．ここで被説明変数に用いるのは，土地とそれ以外の有形固定資産の購入，売却，ネットでの変化，新規投資であり，説明変数には TFP を用いる．以下の式（1）でベースラインの定式化を示している：

$$Y_{it+1} = \alpha_r + \varphi_t + \beta TFP\_dev_{it} + \gamma Cycle_{rt+1} + \delta TFP\_dev_{it} * Cycle_{rt+1} + X_{it}\theta + \varepsilon_{it} + 1. \tag{1}$$

Y_{it+1} は，企業 i が保有する土地やその他有形固定資産の t 期から t+1 期にかけての成長率に関するものであり，再配分の程度を計測している．Y_{it+1} には

以下の7つの変数を用いる．すなわち，S_Land_{it}, P_Land_{it}, $S\_Tangibles_{it}$, $P\_Tangibles_{it}$と，土地とその他有形固定資産のネットでの変化を表す（P_Land_{it} − S_Land_{it}），（$P\_Tangibles_{it}$ − $S\_Tangibles_{it}$），最後にその他有形固定資産に係る新規投資である$N\_Tangibles_{it}$である．いずれも，土地やその他有形固定資産のt期における残高で標準化されている．TFP_dev_{it}は，企業iのt期におけるTFPが企業が属する産業における平均的なTFPから乖離している程度を示す．$Cycle_{rt+1}$は，企業iの本社が立地している地域における失業率のt期からt+1期にかけての変化である．X_{it}は企業規模に関するコントロール変数であり，ここでは従業員数を用いている．

　推計期間は1980年度の第1四半期から2014年度の第4四半期までである．全てのデータをプールした上で，期と都道府県の固定効果をコントロールしている．日本には47の都道府県が存在しているため，北海道をデフォルトとして46個のダミー変数を設定している．

　もし，生産性の低い企業から生産性の高い企業に有形固定資産が再配分されているのであれば，係数のβは，被説明変数がネットの変化や購入に関するものである場合には正であり，売却に関するものである場合には負であることが予想される．また，低生産性から高生産性企業への資源再配分の程度が不況期に強まる場合には，係数のδは被説明変数がネットの変化や購入に関するものである場合には正であり，売却に関するものである場合には負であることが予想される．これらの係数について調べることで，有形固定資産の再配分が生産性を高めるように行われているのか，その程度が不況期に増しているのかという点を検証することができる．

　留意すべきは，生産性と有形固定資産の再配分との間の関係は，景気循環以外の要因でも変化するという可能性である．例えば，資産価格の変動が大きければ企業は追加的に有形固定資産を取得することを躊躇するかもしれないし，有形固定資産の価値に関する開示基準が変化すれば，その資産の売却が促進されたり抑制されたりするかもしれない．こうした景気変動以外の時間を通じて変化する要因を捉えるために，以下のような代替的な定式化を行う：

$$Y_{it}+1 = \alpha_r + \varphi_t + \sum_{y=t0}^{T} \beta_y\,TFP\_dev_{it} + \gamma Cycle_{rt+1} + X_{it}\,\theta + \varepsilon_{it+1} \qquad (2)$$

　ベースラインの定式化との違いは，TFP_dev_{it} の係数が時間を通じて変化しうる代わりに，TFP_dev_{it} と $Cycle_{rt+1}$ との交差項を除いている点にある．以下では，これらの2つの定式化を用いることで，生産性と有形固定資産の再配分との関係を検証する．

5.2　有形固定資産再配分の動向

5.2.1　全産業における再配分の動向

　この節では，分析期間中における土地とそれ以外の有形固定資産の再配分の程度を示す．図5-1がその結果である．パネル（a）と（b）が土地の再配分

図5-1　有形固定資産の再配分指標と景気循環指標の動向

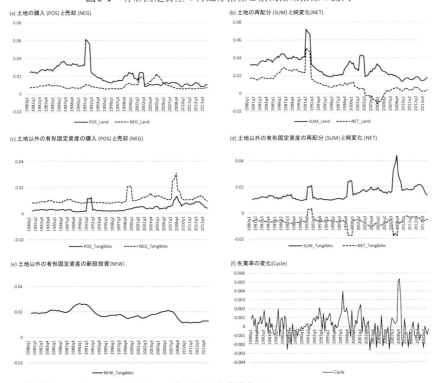

（出所）Uesugi et al.（2018, Figure 1）に基づき著者加工.

を示している．パネル（a）の太線が土地購入（POS_Land_t）を，点線が土地売却（NEG_Land_t）を表している．パネル（b）では太線が土地の購入と売却の合計（SUM_Land_t），点線が購入と売却の差分（NET_Land_t）を表している．パネル（c）と（d）はそれぞれパネル（a）（b）と同様に，土地以外の有形固定資産に関する再配分指標を示している．パネル（e）では土地以外の有形固定資産の新規投資（$NEW\_Tangibles_t$）を示す．定義に関する説明でも述べたように，これらの変数は土地やその他有形固定資産の残高に対する比率である．例えば，パネル（a）をみると1980年度の第4四半期におけるPOS_Landは0.025，NEG_Landは0.007である．この四半期における土地購入は前期の土地保有残高の2.5%に上る一方で，同じ四半期における土地売却は土地保有残高の0.7%に相当していることを示している．さらに，パネル（f）は失業率の変化である$Cycle_t$を示している．この変数と資産の再配分指標とを比較することで，有形固定資産の再配分の特徴を把握する．

　これらの図からいくつかの特徴を知ることができる．1990年代初頭に至るまで，土地購入の指標であるPOS_Land_tは，四半期当たり0.025から0.040を推移していた．日本の不動産市場におけるバブル崩壊の時期にはそれがピークに達したが，その後は，1990年代後半に一時期増加した時期を除くとPOS_Land_tの水準は非常に低かった．実際，2000年代初頭以降POS_Land_tは0.01と1990年代初頭の半分の水準であった．これは，バブル崩壊により土地取引が20年以上の長きにわたって停滞していたことを示している．さらに，2008年秋以降の世界金融危機も土地取引に大きな影響をもたらしている．1990年代後半までは，NEG_Land_tは安定的でPOS_Land_tを下回っていたが，2000年代の半ばには増加してPOS_Land_tを上回るに至った．NEG_Land_tの水準は2005年度の最初の四半期にピークに達しており，これは上場会社に対する有形固定資産の減損会計の強制適用が開始された時点と一致している[14]．

---

[14] この点については，次の第6章で分析した結果を示す．2000年代前半に減損会計の強制適用以前からNEG_Land_tで表される土地売却が緩やかに増加していた背景には，バブル期における企業の多角化や積極的な資産運用の処理が進んでいたことが影響している可能性がある．これは，第3章図3-2が示すように，有利子負債にお

表5-2　有形固定資産の再配分指標と景気循環を表す変数との相関

	POS_ Land	NEG_ Land	SUM_ Land	NET_ Land	POS_ Tangibles	NEG_ Tangibles	SUM_ Tangibles	NET_ Tangibles	NEW_ Tangibles
Cycle との 相関係数	0.0396	− 0.1507	− 0.0101	0.0853	0.0139	0.0648	0.0507	− 0.0635	0.0247
P-value	0.646	0.0788	0.9063	0.3217	0.8722	0.4518	0.5566	0.461	0.7747

（出所）Uesugi et al.（2018, Table 2）に基づき著者加工.

　土地の再配分程度の合計を示す *SUM_Land_t* やネットの変化を示す *NET_Land_t* は，2000年代半ばの時期を除けば，おおむね *POS_Land_t* の動きによって決まっていた.

　土地の再配分の景気循環との関係については，*Cycle_t* と *POS_Land_t*, *SUM_Land_t* との間にはそれぞれ負の相関が存在しているように見える. しかしながら，再配分指標と *Cycle_t* との相関係数を掲げた表5-2で示されているように，*Cycle_t* との間で統計的に有意な相関係数を示しているのは，限界的に負の有意な係数を得ている *NEG_Land_t* のみである.

　土地以外の有形固定資産における再配分の程度は，*POS_Tangibles_t*, *NEG_Tangibles_t*, *SUM_Tangibles_t* で計測されている. これらの変数は時間の経過とともに緩やかに増加する傾向にあり，資産価格バブル崩壊後に再配分の規模が大幅に低下した土地とは大きく異なっている. *POS_Tangibles_t* の水準は，1991年度と1992年度を除けば1980年代と1990年代を通じて比較的低かった. しかし，世界金融危機に至る2000年代には緩やかに増加を続けた. *NEG_Tangible_t* も *POS_Tangible_t* とほぼ同様の動きを示しているが，おおむね *POS_Tangible_t* よりも規模が大きい. 両者の差は，土地以外の有形固定資産が時間とともに相当程度減価していることを示している. すなわち，*NEG_Tangibles_t* で測られる有形固定資産の売却では，当初に資産を購入した時点で計上した簿価に近い価額が計上される. 一方で，*POS_Tangibles_t* で測られる有形固定資産の購入では，減価した後で低く評価されるようになった有形

　ける資金減少（NEG）が拡大していたことと軌を一にしている.

固定資産の価額が計上される．既にある土地以外有形固定資産の再配分と新規設備投資の経済的な重要性を評価するために，パネル（d）で購入と売却の合計を示す *SUM_Tangibles_t* と，パネル（e）で新規投資を示す *NEW_Tangibles_t* とを比較する．すると，分析期間の当初において *SUM_Tangibles_t* が *NEW_Tangibles_t* より小さかったものが，徐々に前者が大きく後者が小さくなったために，2000 年代の半ば以降は両者の規模が逆転していることがわかる．

5.2.2　産業間における再配分程度の違い

　次に，有形固定資産の再配分程度の異質性が産業間で存在するかどうかをみる．スペースの関係上ここでは，*POS_Land_t*，*NEG_Land_t*，*POS_Tangibles_t*，*NEG_Tangibles_t*，*NEW_Tangibles_t* を 26 業種中 9 業種についてのみ示す．集計の結果は，土地の再配分指標については図 5-2（a），土地以外の有形固定資産の再配分指標と新設投資についてはそれぞれ図 5-2（b）と（c）で示している．

　図 5-2（a）では，いくつかの産業に共通する傾向がみられる．第 1 に，2000 年代半ばを除き，すべての産業で購入（*POS_Land_t*）が売却（*NEG_Land_t*）を上回っている．第 2 に，1990 年代初頭まで非常に高かった *POS_Land_t* がそれ以降大幅に縮小している．第 3 に，2005 年度に上場企業における有形固定資産の減損会計が強制適用されたこともあってか，*NEG_Land_t* は 2000 年代の半ばにかけて相当程度上昇した．

　その一方で，相当程度の産業間での差異もある．例えば，土地の購入程度は，不動産や建設業では最も大きく，化学，電気機械や情報通信機械産業では最も小さい．さらに，バブル崩壊後も多くの土地を購入し続けている産業が存在している．化学，自動車と自動車部品，鉄鋼，卸売がそうした産業の例である．

　次に，図 5-2（b）では土地以外の有形固定資産に関する再配分を産業ごとに示している．共通する特徴は，建設業を除き，購入と新設投資は時間とともに緩やかに増加している点である．この上昇傾向は図 5-2（c）において大多数の産業で新設投資である *NEW_Tangibles_t* が低下傾向にあることと対照的である．図 5-2 の（b）と（c）を比較する限りにおいては，土地以外の有形固定資産売買の程度は，新設投資の規模を上回ることが多い．

図 5-2（a）　土地の購入（POS），売却（NEG）の動向：産業別

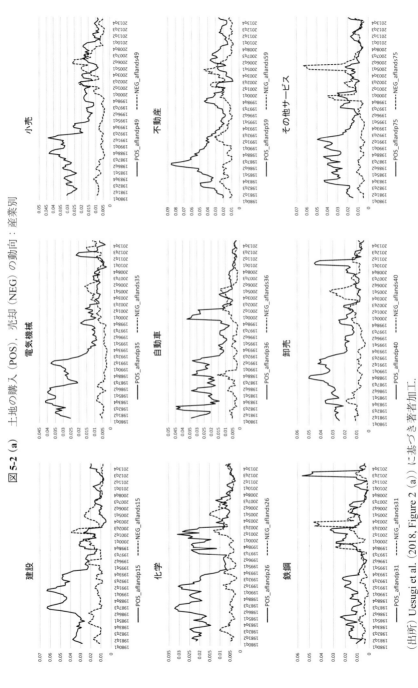

（出所）Uesugi et al.（2018, Figure 2（a））に基づき著者加工.

図 **5-2 (b)** 土地以外の有形固定資産の購入 (POS)、売却 (NEG) の動向：産業別

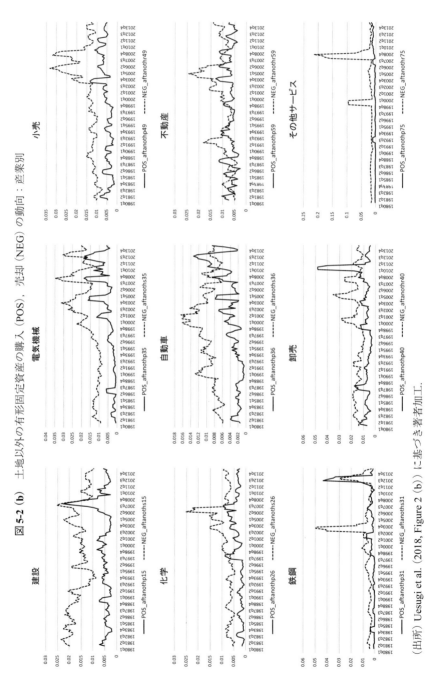

（出所）Uesugi et al.（2018, Figure 2 (b)）に基づき著者加工。

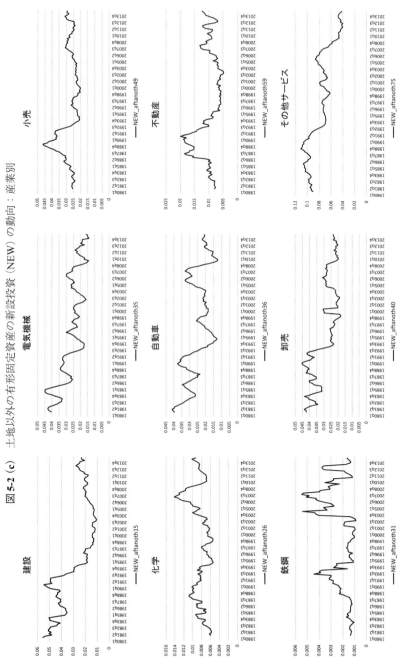

図 5-2 (c)　土地以外の有形固定資産の新設投資（NEW）の動向：産業別

（出所）Uesugi et al. (2018, Figure 2 (c)) に基づき著者加工.

5.3 有形固定資産再配分の効率性

この節では，有形固定資産の企業間の再配分が生産性を増大させるように行われているか，再配分の効率性が景気循環とともに変化しているかどうか，という点を検証する．

5.3.1 ベースライン推計結果

最初に，式 (1) の推計結果を表5-3で示す．最も注目すべき結果は，列 (1) と列 (4) における TFP_dev_{it} の係数が負になっている点である．もう一つの注目すべき結果は，列 (1) で交差項である $TFP\_dev_{it}*Cycle_{rt+1}$ の係数が正で統計的に有意になっている点である．最初の結果は，産業平均よりも TFP が高い企業では，土地やその他有形固定資産をネットで売却する傾向にあることを示す．2番目の結果は，TFP が高いほど土地をネットで売却するという傾向は，不況期にある時期ほど弱くなることを示している．

日本における有形固定資産の再配分が TFP を下げる方向に働いていると

表5-3 有形固定資産再配分の決定要因についての推計結果

被説明変数	(1) P_Land-S_Land	(2) P_Land	(3) S_Land	(4) P_Tangibles-S_Tangibles	(5) P_Tangibles	(6) S_Tangibles	(7) N_Tangibles
TFP_dev	− 0.00251***	0.00528***	0.00779***	− 0.00172***	0.00441***	0.00590***	0.00845***
	(0.000495)	(0.000477)	(0.000455)	(0.000648)	(0.000477)	(0.000445)	(0.000546)
Cycle	0.000703	0.00113	0.000424	− 0.000380	− 2.34e-05	0.000317	0.000530
	(0.000752)	(0.000725)	(0.000692)	(0.000990)	(0.000729)	(0.000676)	(0.000829)
TFP_dev*Cycle	0.00614***	0.00251	− 0.00363*	0.00147	− 0.00166	− 0.00345*	− 0.000915
	(0.00210)	(0.00202)	(0.00193)	(0.00275)	(0.00202)	(0.00189)	(0.00231)
EMP	2.81e-07***	2.39e-07***	− 4.30e-08	5.57e-08	1.74e-07***	6.65e-08	− 1.91e-07***
	(4.53e-08)	(4.37e-08)	(4.18e-08)	(7.99e-08)	(5.88e-08)	(4.08e-08)	(5.00e-08)
定数項	0.0128***	0.0184***	0.00554***	− 0.00442	0.00279	0.00767***	0.0229***
	(0.00225)	(0.00217)	(0.00207)	(0.00295)	(0.00217)	(0.00202)	(0.00248)
期ダミー	Yes	Yes	Yes	Yes	Yes	Yes	Yes
都道府県ダミー	Yes	Yes	Yes	Yes	Yes	Yes	Yes
観測数	799,478	799,486	799,479	679,304	679,350	799,538	799,595
R-squared	0.006	0.005	0.003	0.001	0.001	0.002	0.003
Adj R-squared	0.00568	0.00501	0.00262	0.000520	0.000294	0.00189	0.00292
F-stat	27.85	24.66	13.36	3.079	2.176	9.919	14.76

カッコ内は標準誤差を表す．
*** $p<0.01$, ** $p<0.05$, * $p<0.1$
(出所) Uesugi et al. (2018, Table 3) に基づき著者加工．

いう結果は，米国における雇用の再配分が生産性を増大させる方向に働いていることを示したFoster, Grim, and Haltiwanger（2016）の結果とは対照的である．こうした結果が得られる理由を調べるために，有形固定資産のネットの売買を購入と販売に分解した上で，それぞれが企業のTFPとどのように関係しているかを調べる．

　土地の購入（P_Land_{it}）と売却（S_Land_{it}）を被説明変数に用いた列（2）と列（3）において，TFP_dev_{it}と交差項である$TFP\_dev_{it}*Cycle_{rt+1}$の係数をみる．いずれの列においても$TFP\_dev_{it}$の係数は正であり，生産性の高い企業では低生産性企業に比して，土地の購入だけでなく売却を多く行っている．さらに，係数の大きさを比較すると，土地購入よりも土地売却を被説明変数に用いた場合において，より大きいことがわかった．さらに列（3）では，交差項の係数が負で限界的に有意であり，より生産性の高い企業が多くの土地を売るという傾向は不況期には弱まっている．

　得られた結果から生産性が有形固定資産の再配分に及ぼす経済的な影響の大きさを測るために，列（1）と列（4）で得られた結果を用いる．各列でのTFP_dev_{it}の係数にTFP_dev_{it}の1標準偏差である0.2915を掛けて，それぞれ0.0007と0.0005という値を得る．これは，1標準偏差分の負の生産性ショックが生じると，企業は0.07パーセントポイント分の土地保有や，0.05パーセントポイント分のそれ以外の有形固定資産保有を四半期単位で増やすことを意味する．四半期ごとの平均的な土地とそれ以外の有形固定資産保有の増加率が，それぞれ0.8％と−0.6％であることを踏まえると，生産性ショックが有形固定資産保有に及ぼす影響には相当程度のものがあると言える．

　土地以外の有形固定資産の再配分に関する列（5）と列（6）では，その他有形固定資産の購入（$P\_Tangibles_{it}$）と売却（$S\_Tangibles_{it}$）を被説明変数に用いた結果を示している．いずれの列でもTFP_dev_{it}の係数は正で有意であり，より生産性の高い企業が資産を多く購入するだけではなく多く売却する傾向にある．さらに，その係数は，$S\_Tangible_{it}$において$P\_Tangible_{it}$よりも大きく，高生産性企業ほどネットで有形固定資産を減らしていることを裏付けている．生産性と景気循環指標との交差項をみると，列（6）における係数は負で限界的に有意であり，不況期には，生産性の高い企業ほど有形固定資産を売

るという傾向は弱くなることを示している.

　土地とその他有形固定資産の結果を比較する際に注意すべきは，減耗と新設投資の有無である．第1節でも指摘した通り，土地には減耗が存在せず新設投資もごくわずかである一方で，その他有形固定資産では新設投資が存在する．したがって，土地以外の有形固定資産の再配分が生産性を低下させる方向に行われているかどうかを知るためには，新設投資と生産性との関係も調べる必要がある．実際に列 (7) でこの点を調べた結果を示すと，TFP_dev_{it} の係数は正で統計的に有意である一方で，景気循環との交差項の係数は非有意である．これらの結果が意味するのは，その他有形固定資産は生産性を高める方向で実行されている，すなわちTFPの高い企業が低い企業よりも多くの設備投資を実施しているということである.

5.3.2　時間を通じて変化する有形固定資産の再配分と生産性との関係

　高生産性企業から低生産企業に有形固定資産が再配分されているという意味での非効率性は，何が原因で生じているのか．この点を調べるために，式 (2) に基づく推計を行う．ここでは TFP_dev_{it} の係数は年ごとに異なり得るため，その結果を図5-3で示す．図のそれぞれのパネルでは，異なる被説明変数ごとの時間とともに変化する TFP_dev_{it} の係数を示している．実線が推定値であり，上下の点線で囲まれた範囲が95％の信頼区間である.

　結果は，企業の生産性と有形固定資産の再配分との関係が時間を通じてどのように変化してきたかを示している．土地の再配分についてみたパネル (a) から (c) のうち，パネル (a) は，購入から売却を差し引いたネットの土地再配分動向を扱っている．係数の大きさやその統計的な有意性は時間とともに変化している．1988年度から1992年度にかけては，係数は正でいくつかの年では統計的にも有意である．しかしながら，1990年代後半から2000年代前半にかけては正の係数の大きさは縮小した．2003年度から2005年度にかけては，係数は負で有意に転じた．これらの結果は，生産性と土地再配分との関係が時間を通じて変化し，1990年代前半までは土地が低生産性企業から高生産性企業に再配分される傾向にあったものが，2000年代前半には反転して高生産性企業から低生産性企業に再配分されたことを示している.

図 5-3　時間とともに変化する TFP_dev の係数

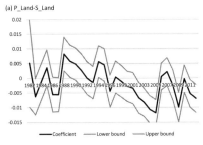

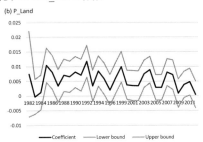

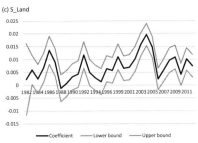

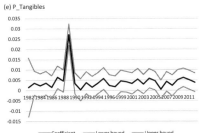

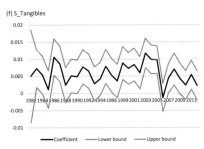

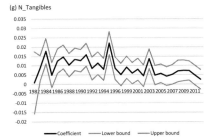

（出所）Uesugi et al.（2018, Figure 1）に基づき著者加工.

次にパネル（b）と（c）で土地の購入と売却それぞれを被説明変数に用いることで，購入と売却のいずれがネットでの再配分の効率性に影響しているかを調べる．パネル（b）と（c）とで土地購入と売却に関する結果をみると，購入における係数の変化程度を売却における係数の変化程度が上回っており，その傾向は特に2000年代前半に顕著である．この時期には，売却における正の係数の大きさが拡大している．

これらの結果を踏まえると，2000年代前半にネットの土地再配分が全体の効率性を低下させるように行われた原因は，土地の売却が低生産性企業よりも高生産性企業によってより多く行われる傾向が強まったためと考えられる．

次に，土地以外の有形固定資産の再配分の効率性が時間を通じてどのように変化したかについて，パネル（d）からパネル（g）を用いてみる．ネットでの土地以外の有形固定資産の変化をみたパネル（d）では，1989年度に係数が正で有意である以外は，係数は全て非有意で負である．パネル（e）と（f）でその他有形固定資産の購入と売却をみると，いずれも有意な係数は正である．購入では1989年度に非常に大きな正の係数となっている以外は正の値をとる場合が少ない一方で，売却については，2000年代前半にかけて係数の正の値が徐々に大きくなる傾向にある．これらを踏まえると，ネットでの売買における1989年度の大きな正の係数は，購入側の動向に影響をうけたものといえる．

最後に，パネル（g）ではその他有形固定資産の新設投資を被説明変数に用いた結果を示している．係数はおおむね正で有意であるが，その大きさは時間とともに小さくなる傾向にある．

5.4　まとめ

本章では，土地とその他有形固定資産それぞれに注目し，既存資産の購入・売却，新設投資から資産の再配分程度を観測した上で，再配分の効率性を検証した．

有形固定資産の再配分をみると，特に土地に関する企業間の再配分程度が，1990年代初頭以降大きく落ち込んでおり，資金再配分の動向と似通っ

ている．これは，特にバブル崩壊期において不動産取引と資金調達の動向とが密接な関連を有していたことを示唆する．また，再配分の効率性を観察すると，特に土地に関する再配分の効率性が2000年代に入って非効率性が高まる方向に変化している．これは，生産性の高い企業が土地の売却をその時期に積極的に行うようになっていることを反映している．

　資産の企業間における再配分の効率性を議論する際に留意すべきは，有形固定資産の取得や売買を行う企業の生産性が外生的に与えられている，という仮定である．現実には，企業の生産性は将来にわたって一定ではなく，有形固定資産の売買選択を含めた企業行動の影響を受けて変化する．この問題を解決するためには，生産性の外生的な変化をもたらすような操作変数を考えることが必要となる．

第6章

有形固定資産の減損会計導入が
土地再配分に及ぼす影響

　本章では，植杉・中島・細野 (2019) の内容を紹介する．すなわち，第5章で有形固定資産の企業間再配分に注目してその程度や効率性を調べたことを受け，制度が有形固定資産の再配分に及ぼす影響を，具体的な制度変更に注目することで明らかにする．ここで注目する制度変更は，日本の上場企業を対象にして2005年度に強制適用が始まった固定資産の減損会計の導入である．減損会計とは，企業が保有する資産価値が減少した場合に，当該資産の貸借対照表上の価額を減らすとともに，減損分を利益額から差し引く会計上の取扱いである．当時の日本では，景気低迷期にその導入が議論されたこともあり，固定資産への投資減少など負の影響を懸念する見方が存在する一方で，減損会計などの保守的な会計基準の導入は効率的な投資を促す効果があるとの見方も存在していた．

　有形固定資産の再配分という観点からは，こうした制度導入に伴いその購入，売却，新設投資がどのように変化したかということが重要となる．第6.1節では，減損会計導入の背景とその内容を説明する．第6.2節では，減損会計導入による有形固定資産の再配分への影響についての分析枠組みを示す．第6.3節では，上場企業における減損会計導入が土地や土地以外の新設投資に及ぼす影響についての実証分析結果を示す．

6.1　減損会計の内容とその影響

　本節ではまず，日本で導入された固定資産の減損会計について，導入の経緯・内容について説明する．次に，減損会計と利益計上との関係や減損会計と企業行動との関係について，日本のみならず海外でも行われてきた先行研究の概略を示す．

6.1.1 日本で導入された減損会計

導入の背景

　資産バブル崩壊後の日本経済においては，不動産価格の下落に伴い事業会社の財務諸表における簿価表示の固定資産の価値が大幅に毀損されているにもかかわらず，それが含み損として顕在化されず，将来に損失が繰り延べられているのではないかとの指摘があった．また，国際的にも，固定資産の減損に係る会計基準の整備が進められ，基準の国際的調和を図る上でも，減損処理に関する会計基準を整備するべきとの意見がみられた．

　こうした背景を踏まえて，1999年10月に金融庁企業会計審議会において審議が開始された．審議を踏まえた結果，2002年8月に「固定資産の減損に係る会計基準」(以降，「会計基準」とする) が公表された．更には，2003年10月に企業会計基準委員会より，「固定資産の減損に係る会計基準の適用指針」(以降「適用指針」とする) が公表された．減損会計の実施時期については，会計基準において，2005年4月1以後開始する事業年度から実施されるよう措置することが適当であること，2004年4月1日以後開始する事業年度から適用することを認めるよう措置することが適当であること，2004年3月31日から2005年3月30日までに終了する事業年度に係る財務諸表及び連結財務諸表についても適用することを妨げないこと，が示された．

　その一方で，減損会計の導入は企業の含み損を顕在化させて経済における更なるデフレ圧力の増大につながるとして，導入延期を求める声が根強く存在していた．2003年4月には，自民党の麻生政調会長 (当時) が，減損会計導入を2年間延期する内容を含む法案を議員立法で提出する方針を表明し，同じ時期に行われた調査では，主要上場企業の4割弱が減損会計導入延期に賛成と回答していた．政治家のみならず企業においても，減損会計の導入のもたらす負の影響への懸念が存在していたことが窺える．

減損会計の内容

　減損会計は，資産の収益性の低下により投資額の回収が見込めない状態に至った場合に，一定の条件の下で回収可能性を反映させるように帳簿価額を減額する会計処理を定めたものである．減損処理の対象となり得る固定資産

には，有形固定資産（本社や工場などが所在する土地，建物，機械装置，建設仮勘定），無形固定資産（のれんや借地権），投資その他の資産（長期前払費用に計上されている権利金など）がある．金融資産や，他に基準が定められている固定資産については，減損会計の対象外である．

　減損損失を認識するかどうかの判定には，将来キャッシュフローを見積もる必要がある．企業にとって資産または資産グループがどれだけの経済的な価値を有しているかの算定を行うため，企業に固有の事情を反映した合理的で説明可能な仮定および予測に基づいた将来キャッシュフローの見積りが要求される．

　減損会計は，減損の兆候が生じている資産・資産グループについて，回収可能性を検討した上で減損を認識・測定する．単なる資産・資産グループにおける市場価格の下落だけでなく，将来のキャッシュフローに基づく収益性が低下している場合も検討の対象となる．減損の兆候について，会計基準では資産または資産グループの市場価格の下落を含む4つを例示している．回収可能性を検討した上で，資産グループから得られる割引前将来キャッシュフローの総額が帳簿価額を下回る場合に，企業は減損損失を認識する．これら減損損失が認識された資産グループについては，帳簿価額を回収可能価額まで減額し，当該減少額を当期の損失として計上する．計上するのは損失の場合のみであり，評価益の計上は認められない．

　減損会計基準は，一般的に企業が守るべき会計基準であるため，すべての企業に適用されるはずのものである．しかしながら実際適用される範囲を決める際には，当該企業が監査法人または公認会計士による監査意見の対象となっているかどうかが重要である．これら監査意見において会計基準に依拠しているかどうかが問題となるためである．この議論に従えば，証券取引法適用の企業（上場企業，店頭公開企業，有価証券報告書提出企業等），旧商法（会社法）上の大会社（資本金5億円以上または負債総額200億円以上の企業），上記の連結子会社および持分法適用の関連会社が，減損会計基準の適用対象となる．

　一方で，中小企業を中心とするそれ以外の企業については，日本税理士会連合会，日本公認会計士協会，日本商工会議所，企業会計基準委員会が作成

した「中小企業の会計に関する指針」が存在する．この指針は，財務諸表などの作成に際して，拠ることが望ましい会計処理や注記等を示すものであり，固定資産の減損処理についての記述を含んでいる．中小企業は，この指針によって計算書類を作成することが推奨されている．固定資産の減損会計基準適用が影響する企業は，主に上場企業や大企業に限られていること，中小企業を中心とするそれ以外の企業においては適用が必ずしも強制されていないことが分かる．減損会計が企業行動に及ぼす影響を議論する際には，上場であるか否かや企業規模の違いが大きな意味を持つと推測される．

6.1.2 減損会計導入がもたらす影響

日本における減損会計導入が企業にもたらす影響として最も多く指摘されていた点は，当時日本企業が多く抱えていた保有固定資産の含み損が顕在化するために，企業収益が悪化するというものであった．具体的には，減損計上による収益悪化は卸小売などの流通業，保険業で深刻である可能性，こうした収益悪化に伴い企業が不動産を中心とする保有資産を売却する可能性や，資産売却により当時低迷が続いていた不動産価格が更に低下する可能性が挙げられていた．更に，減損計上企業に対しては，（おそらく企業収益の悪化と担保価値の毀損により）金融機関による貸し渋りが発生する可能性も指摘されていた．これら減損会計がもたらす負の影響に注目した議論に対して，数は少ないが資産利用の効率化を通じた正の効果の可能性を指摘する論調もあった．

減損会計に関連する先行研究

減損会計導入の影響に関する日本や海外における先行研究は，企業による減損計上の性質やその決定要因に注目したものと，減損計上と企業行動との関係に注目したものに大別できる．日本では，前者に関する研究は多く存在する一方で，後者に関する研究は筆者たちの知る限りではほとんど見られない．企業による減損計上の性質やその決定要因を扱った研究は，減損計上の属性を整理したもの，減損計上の適時性を検証したもの，企業の利益計上行動と減損計上との関係を調べたものに大別できる．日本で減損計上の性質を

整理したものとしては，法人企業統計調査の付帯調査として減損計上額を資産種類，業種，企業規模ごとに集計した財務総合政策研究所（2007），減損の兆候や証券市場ごとの集計結果も示している向・盛田（2006）がある．

　減損計上の適時性や利益計上行動との関係を検証した研究は，日本，海外ともに数多く存在する．海外における研究例としては，Jarva（2009），Riedl（2004），Jordan and Clark（2004），Abu Ghazaleh, Al-Hares, and Roberts（2011）を，日本における例としては，大日方・岡田（2008），木村（2015），藤山（2015）を挙げることができる．適時性を検証する際には，減損を計上するタイミングが実際に固定資産の価値低下の時点から遅れていないかという点が主に検討される．利益計上行動との関係を検証する際には，減損計上のタイミングが企業の利益が過大にならず平準化するように選択されているか（利益平準化仮説），もしくは，利益が低い場合に収益を繰り延べたり費用を先に計上したりして利益をさらに引き下げるように選択されているか（ビッグバス仮説）に，焦点が当てられる．いずれも，減損損失の計上には経営者の裁量がどの程度存在するのか，裁量が存在する場合にはどのような利益マネジメントに用いられているかが関心事である．

　減損会計に限らず保守的な会計が企業の資金調達や投資に及ぼす影響を扱った研究としては，企業の設備投資や買収投資に注目するものが存在する．これらは，損失に関係する情報が企業利益に反映される程度を企業ごとや国ごとに計測して，それを保守的な会計の程度の指標とみなす．その上で，この指標が設備投資や企業買収にどのように影響するかを調べる．保守的な会計は，損失を早期に企業利益に反映することで経営者による過大な投資を防ぐのみならず，安全性の高い投資が実施されると資金の貸し手側が考えるために借り手企業の資金制約が緩和され，過小投資の問題も緩和されるとの知見が得られている．

　Bushman et al.（2011）は，1995年から2003年に至る25か国43,210企業年についてデータを収集し，国レベルのtimely loss recognition（以下TLRとする．企業の計上する利益額が，負の株価収益率に反応する程度を示す指標）を作成する．その上で，投資関数における国・産業ごとの株式収益率の係数（qの代理変数）が，TLRの大小によってどのように変化するかを観察した．

彼らは，株式収益率が負になっている場合の設備投資に影響する係数が，
TLRが高い国ほど大きいことを見出している．これは，負のニュースを迅
速に企業利益に反映させる国ほど，実際の企業投資が投資環境の悪化に影響
されやすいことを示している．

Francis and Martin（2010）は，同様のTLRを企業レベルで作成した上で，
1980年から2006年までの企業買収事例に注目し，買収する企業TLRと買収公
表時の株価収益率や事後の企業パフォーマンスとの関係を調べている．彼ら
は，TLRが高い企業ほど，事後的にその企業の株価上昇や企業パフォーマン
スの改善をもたらすような企業買収を行う傾向にあることを見出している．

Garcia Lara et al.（2016）は，米国における株式市場データから，企業の計
上する利益額と株価収益率の情報を用いて，TLRに類似する保守的会計程
度に関する指標を年毎に作成する．その上で売上成長率からみて過小投資・
過大投資となっている産業年を特定し，保守的会計が過小投資にある産業へ
の投資や貸出を増加させていること，過大投資にある産業への投資を減少さ
せることを見出している．

6.2　分析枠組み

本節では，これまでの先行研究や実務における議論を踏まえて，減損会計
の導入が有形固定資産の再配分に及ぼす影響に係る実証仮説を整理する．同
時に，それを検証するための分析枠組みを提示する．

6.2.1　実証仮説

実証分析の対象となる仮説を提示するに際しては，以下の論点を考慮する
必要がある．第1に，保守的な会計制度の効果を調べた先行研究の議論に基
づくと，減損会計の導入は，企業が公表する財務情報の透明性を高めて過少
投資の状態から投資額を増やす効果を持つ可能性がある．この場合，企業に
よる減損計上は，開示される財務情報の透明性・信頼性を高め，当該企業の
資金制約を緩和することを通じて投資を増加させる．

第2に，担保制約の下での資金調達・投資行動を考える先行研究である小
川（1998），Gan（2007），Hazama, Hosono, and Uesugi（2016）の議論に基づく

と，減損会計に基づく固定資産の減損は，企業の資金調達や投資に負の効果をもたらす可能性がある．担保資産に用いられることの多い土地や建物などの固定資産が，減損により価値を減じるとなると，担保制約が厳格化して企業の資金調達が困難になる．この場合，企業による減損計上は，担保制約を通じて投資を減少させる．

　もっとも，これら財務情報の透明性向上や担保制約の厳格化に注目する議論では，減損会計導入後に公表された固定資産価値の減額が，資金を供給する金融機関や資本市場にとって新しい情報をもたらすことが前提である．仮に減損会計導入以前から，金融機関や資本市場が企業の保有する固定資産含み損を正しく把握していれば，企業と金融機関・資本市場との間に固定資産価値に係る情報の非対称性は存在しない．この場合，金融機関・資本市場は，制度導入前から企業が保有する固定資産価値を正しく把握した資金供給を行っており，企業による減損計上は，企業の資金調達や投資行動に有意な影響をもたらさない．

　第3に，公表された減損計上情報が資金供給に及ぼす影響とは別に，会計上の利益と税務上の所得との間で異なる計上基準が，企業自身の投資行動に影響する可能性も存在する．企業が減損会計に基づき固定資産価値や会計上の利益を減額したとしても，現在の日本の税務処理では，その減損は原則損金算入されず所得額や支払う法人税額も変わらない．このため，法人税を多く支払う可能性の高い企業では，会計上の固定資産の減損を損金算入するために，減損した固定資産を同時に売却する可能性が存在する．

　これら減損会計導入に伴う減損計上と企業の投資行動との関係に係る議論は，以下の2つの仮説にまとめることができる．

　仮説1：減損計上は，それが公表財務情報の透明性・信頼性を向上させる
　　　　　場合には，企業の資金調達環境を改善し，有形固定資産への新設
　　　　　投資を増加させる．一方で，減損計上に伴う担保資産価値の毀損
　　　　　が深刻な場合には，投資を減少させる．これら減損計上が投資に
　　　　　及ぼす影響の程度は，事前における企業保有固定資産の価値に関
　　　　　する情報の非対称度合いや減損計上が有する追加的な情報価値に

依存する.

　仮説 2: 減損計上は，税法上の損金を計上する動機が強い企業において，
　　　　 減損処理した有形固定資産の売却を増加させる.

　以下では，減損計上が，企業の固定資産の価値に関する新たな情報をもた
らし資金供給を通じて企業投資行動を変化させるという経路と，税支払いに
関する企業側の動機により企業の資産売却行動を変化させるという経路のそ
れぞれを，企業レベルデータに基づいて検証する.

6.2.2　分析の枠組み

　以下では，示された仮説を検証するための分析枠組みを説明する. 減損会
計が強制適用された時点を含む期間を対象として，法人企業による投資や資
産売却と減損計上との関係を，他の企業属性をコントロールした上で推計す
る.

　設備投資関数の定式化に際しては，伝統的な Tobin の q 理論に基づき企業
ごとの平均的な q を算出し，これを説明変数として用いる手法が存在する.
そこで，今回の投資や資産売却の定式化に際してもこれに依拠する. しかし
ながら実際の推計に際しては，資金調達を行う企業と資金供給を行う金融機
関や資本市場との間における情報の非対称性を考慮する必要がある. そこで
今回の推計では，企業の将来収益を表す q 以外の変数として売上高変化率を
用いる，内部資金へのアクセスの程度を表すキャッシュフローを変数として
用いる，担保制約の程度を示す保有土地資産の時価簿価比率を変数として加
える，といった変更を行った上で，投資関数や資産売却関数を定式化する.
また，時間を通じて変化しない企業固有効果が投資や資産売却行動に影響す
ると考えるとともに，売上高変化率やキャッシュフロー比率以外にも時間を
通じて変化する企業属性変数をコントロール変数として加える.

　今回は，これらの投資・資産売却関数における減損計上の効果を計測する
ことが目的である. このため，固定資産の減損が発生した企業を特定した上
で，減損計上によって設備投資や資産売却に生じる影響を調べる. 影響の生

じ方としては，減損計上が設備投資や資産売却水準に直接影響する場合と，説明変数の係数を通じて影響する場合の2通りがある．

$$Y_{iq+k} = \alpha_i + \beta CF_{iq} + \gamma dlnSALES_{iq} + \delta IMPAIR_{iq} + \mu MBRATIO_{iq}$$
$$+ \oslash FIRM_{iq} + year_q + \varepsilon_{iq} \qquad (1)$$

$$Y_{iq+k} = \alpha_i + \beta CF_{iq} + \gamma dlnSALES_{iq} + \delta IMPAIR_{iq} + \mu MBRATIO_{iq}$$
$$+ \zeta IMPAIR_{iq} \times MBRATIO_{iq} + \oslash FIRM_{iq} + year_q + \varepsilon_{iq} \qquad (2)$$

ここでY_{iq+k}は$q+k$期における土地以外の有形固定資産の新設投資比率，土地購入比率，土地売却比率である．kは0, 4, 8の値をそれぞれとり，投資や資産売却への影響が当期だけではなく1年（4四半期）後や2年（8四半期）後に現れる可能性を考慮している．$CF_{iq}, dlnSALES_{iq}, MBRATIO_{iq}, FIRM_{iq}$はそれぞれ，$q$期におけるキャッシュフロー，前期からの売上高変化率，保有土地の時価簿価比率，企業属性変数を示している．α_iは企業iにおける固定効果を，$year_q$はq期が属する年度固定効果を示している．

減損計上を表す変数が$IMPAIR_{iq}$である．これは，q期を含む年度に企業iが固定資産の減損を計上した場合に1, それ以外に0をつけるダミー変数である．この変数が単独に用いられる場合には，推計される係数はδであり，保有土地の時価簿価比率との交差項にも用いられる場合には，減損計上の影響として推計される係数はδとζととなる．仮説1において減損計上が財務情報の透明性や信頼性の向上により資金調達環境を改善し，設備投資や土地投資を増やす場合には，（1）式におけるδの符号は正となることが予想される一方で，担保価値の毀損によって資金調達環境が悪化し，設備投資や土地投資を減少させる場合にはδの符号は負が予想される．

なお，今回の分析では，減損計上を外生的な事象とみなしている．減損計上の時期をいつにするかについては，経営者による選択余地が残されている可能性がある．しかしながら，中長期的には固定資産の価値が大幅に毀損している上場企業は必ず減損計上を余儀なくされるはずであり，減損計上が必要な企業とそうではない企業はあらかじめ決まっているはずである．特に，今回のような新たに減損会計が導入された時点では，過去からの固定資産の

含み損が累積しているはずであり，減損計上が必要な企業とそうではない企業との別が，導入後しばらく経た時点よりも明確であると考えられる．

以上の (1)式と (2)式の推計を行うに際して留意すべきは，減損計上を表す変数 IMPAIR が誤差項と相関を持たないという点である．仮に減損計上と設備投資，土地購入・売却の両方に影響するにもかかわらず推計に含まれていない omitted variables が存在する場合には，推定された β にはバイアスが生じてしまう．バブル崩壊後の日本では，有形固定資産特に土地価値が財務諸表上に示されているものを大きく下回っていたと考えられる．この点を適切にコントロールするためにも，土地資産の時価簿価比率である MBRATIO を推計に含めることが必要である．

なお，分析に用いるデータセットは，第 2 章で説明した法人企業統計四半期別調査と，2006 年度法人企業統計年次別調査のうち，資本金 1 億円以上の標本法人を対象に行われた附帯調査の個票情報に基づいている．減損会計の強制適用は上場の有無によって異なると考え，データセットを上場企業と非上場企業に分けた上で，推計を行うこととする．

6.3　分析結果

6.3.1　集計統計

表6-1 と表6-2 は，それぞれ上場企業と非上場企業の推計に用いるサンプル企業に関する記述統計を示したものである．対象年度の範囲は 2000 年度から 2007 年度である．表6-1 の観測数は最大で 27,104，表6-2 の観測数は最大で 28,659 である．上場企業の方が平均，中位値における売上高でみた企業規模が非上場企業に比しても大きいこと，減損を計上している企業の比率においても高いことが分かる．また，土地購入率の平均値も上場企業サンプルにおいて大きい．一方で，新規設備投資率と土地売却率については非上場企業サンプルの方で上場企業サンプルのそれを上回っている．

年度別における固定資産の減損計上社数をみたものが表6-3 と表6-4 である．附帯調査の対象年度が 2003 年度から 2006 年度と 2007 年度以降であることを反映して，その時期のみに減損計上企業が存在していること，2007 年度以降の見込みで減損計上予定を報告している企業は数少ないことが分か

表6-1　上場企業における推計対象企業の記述統計

	N	mean	sd	min	p50	max
INVEST	27104	0.0163	0.0336	0	0.0031	0.2892
f4INVEST	26498	0.0169	0.0332	0	0.0035	0.2542
f8INVEST	26349	0.0171	0.0334	0	0.0036	0.2528
LPURCHASE	27104	0.0076	0.0355	0	0	0.2796
f4LPURCHASE	26501	0.0071	0.0330	0	0	0.2608
f8LPURCHASE	26351	0.0060	0.0274	0	0	0.2172
LSALES	26997	0.0065	0.0268	0	0	0.2078
f4LSALES	26380	0.0059	0.0245	0	0	0.1901
f8LSALES	26215	0.0052	0.0211	0	0	0.1596
IMPAIR（tangibles and/ or intangibles）	27104	0.1218				
IMPAIR（tangibles）	27104	0.1144				
IMPAIR（only intangibles）	27104	0.0074				
CF	27104	0.0158	0.0162	−0.0349	0.0141	0.0990
MBRATIO	27104	1.0112	0.3199	0.4467	0.9355	2.6506
MBRATIO_SMALL	27104	0.4840	0.4081	0	0.6978	0.9997
dlnSALES	27104	0.0023	0.4686	−6.8820	0.0124	6.9354
lnSALES	27104	9.8258	1.5236	1.9459	9.7160	15.0128
SALES	27104	70638.8400	217423.2000	7	16581	3311176
EMP	27104	2912.1900	7094.0210	0	1056	143868
LEVERAGE	27104	0.5655	0.2031	−0.1093	0.5813	1.6162
d4PROFIT	26501	0.0000	0.0106	−0.0428	0.0001	0.0464
YEAR2000	27104	0.1202				
YEAR2001	27104	0.1197				
YEAR2002	27104	0.1213				
YEAR2003	27104	0.1244				
YEAR2004	27104	0.1267				
YEAR2005	27104	0.1276				
YEAR2006	27104	0.1309				
YEAR2007	27104	0.1291				

（出所）植杉・中島・細野（2019, 表A2-1）より著者加工.

る．上場，非上場いずれにおいても，減損会計の強制適用が開始された2005年度において減損計上企業数が最も多くなっている．

　減損計上に影響する変数として重要な，保有土地の時価簿価比率をみたものが，表6-5と表6-6である．上場企業における比率が平均，中位値ともに非上場企業の比率を上回っており，土地の含み益は上場企業においてより大きかったことが推測できる．

表6-2　非上場企業における推計対象企業の記述統計

	N	mean	sd	min	p50	max
INVEST	28659	0.0301	0.0617	0	0.0072	0.4051
f4INVEST	24538	0.0289	0.0570	0	0.0076	0.3693
f8INVEST	23332	0.0285	0.0561	0	0.0076	0.3618
LPURCHASE	28659	0.0068	0.0371	0	0	0.3058
f4LPURCHASE	24564	0.0058	0.0317	0	0	0.2590
f8LPURCHASE	23353	0.0048	0.0266	0	0	0.2148
LSALES	25975	0.0070	0.0350	0	0	0.2757
f4LSALES	22726	0.0075	0.0373	0	0	0.2943
f8LSALES	21614	0.0067	0.0331	0	0	0.2622
IMPAIR (tangibles and/or intangibles)	28659	0.0839				
IMPAIR (tangibles)	28659	0.0785				
IMPAIR (only intangibles)	28659	0.0053				
CF	28659	0.0174	0.0245	−0.0483	0.0143	0.1141
MBRATIO	28659	0.7974	0.2637	0.4323	0.7400	2.6506
MBRATIO_SMALL	28659	0.5794	0.3004	0	0.6551	1
dlnSALES	28659	0.0051	0.5272	−6.9817	0.0129	6.2607
lnSALES	28659	8.2356	1.4994	0	8.2099	14.5558
SALES	28659	12580.7600	46650.7700	1	3677	2096443
EMP	28659	862.6227	2100.4720	0	341	45953
LEVERAGE	28659	0.5597	0.4309	0	0.5609	30.8614
d4PROFIT	24564	−0.0002	0.0155	−0.0578	0.0000	0.0584
YEAR2000	28659	0.1280				
YEAR2001	28659	0.1275				
YEAR2002	28659	0.1310				
YEAR2003	28659	0.1230				
YEAR2004	28659	0.1239				
YEAR2005	28659	0.1284				
YEAR2006	28659	0.1232				
YEAR2007	28659	0.1151				

（出所）植杉・中島・細野（2019, 表A2-2）より著者加工.

表6-3　上場企業のうち減損計上の有無

	IMPAIR (tangibles and/or intangibles)		IMPAIR (tangibles)		IMPAIR (only intangibles)	
	No	Yes	No	Yes	No	Yes
2000	3,258		3,258		3,258	
2001	3,244		3,244		3,244	
2002	3,289		3,289		3,289	
2003	3,203	169	3,227	145	3,348	24
2004	2,913	521	2,937	497	3,410	24
2005	2,031	1,428	2,099	1,360	3,391	68
2006	2,428	1,120	2,512	1,036	3,464	84
2007	3,436	64	3,436	64	3,500	

（出所）植杉・中島・細野（2019, 表A3-1）.

表**6-4**　非上場企業のうち減損計上の有無

	IMPAIR (tangibles and/or intangibles)		IMPAIR (tangibles)		IMPAIR (only intangibles)	
	No	Yes	No	Yes	No	Yes
2000	3,667		3,667		3,667	
2001	3,654		3,654		3,654	
2002	3,754		3,754		3,754	
2003	3,456	69	3,459	66	3,522	3
2004	3,277	273	3,305	245	3,522	28
2005	2,675	1,006	2,730	951	3,626	55
2006	2,551	979	2,618	912	3,463	67
2007	3,221	77	3,221	77	3,298	

（出所）植杉・中島・細野（2019, 表A3-2）.

表**6-5**　上場企業における保有土地時価簿価比率

FY	N	mean	min	p25	p50	p75	max
2000	3258	1.2895	0.6543	1.0203	1.1904	1.4435	2.6506
2001	3244	1.1862	0.6103	0.9552	1.0961	1.3153	2.4724
2002	3289	1.0913	0.5670	0.8933	1.0123	1.2021	2.2970
2003	3372	0.9967	0.5195	0.8168	0.9258	1.0988	2.1047
2004	3434	0.9336	0.4825	0.7665	0.8668	1.0281	1.9547
2005	3459	0.8877	0.4588	0.7347	0.8292	0.9838	1.8586
2006	3548	0.8730	0.4497	0.7247	0.8194	0.9660	1.8218
2007	3500	0.8670	0.4467	0.7253	0.8137	0.9607	1.8076

（出所）植杉・中島・細野（2019, 表A4-1）.

表**6-6**　非上場企業における保有土地時価簿価比率

FY	N	mean	min	p25	p50	p75	max
2000	3667	0.9439	0.6340	0.7449	0.8404	1.0000	2.6506
2001	3654	0.8866	0.5913	0.7057	0.8058	0.9645	2.4724
2002	3754	0.8289	0.5494	0.6708	0.7653	0.9291	2.2970
2003	3525	0.7814	0.5034	0.6201	0.7106	0.9067	2.1047
2004	3550	0.7441	0.4675	0.5845	0.6835	0.8548	1.9547
2005	3681	0.7273	0.4445	0.5641	0.6677	0.8831	1.8586
2006	3530	0.7235	0.4357	0.5571	0.6679	0.8801	1.8218
2007	3298	0.7319	0.4323	0.5563	0.6820	0.9247	1.8076

（出所）植杉・中島・細野（2019, 表A4-2）.

6.3.2 推計結果

　固定効果モデルを用いて，当年，1年後，2年後における新設設備投資，土地購入，土地売却関数を推計する．その結果を，上場企業，非上場企業についてそれぞれ，表6-7と表6-8で説明する．分析上最も重要なものは，減損計上ダミー，減損計上ダミーと時価簿価比率との交差項の係数であるので，以下の説明は，これら変数の係数符号や統計的な有意性に関するものに限る．

　表6-7をみると，設備投資（パネルA），土地購入（パネルB），土地売却関数（パネルC）のいずれにおいても，IMPAIRやIMPAIR*MBRATIOの係数のほとんどが統計的に有意ではない．例外は，2年先の土地購入関数の推計で，IMPAIRの係数が限界的に正で有意になっているものである．上場企業では，減損計上が設備投資や土地売買といった企業行動に有意な影響を及ぼさないことが多い[15]．

　一方で，非上場企業を対象にした表6-8をみると，いくつかの係数が有意になっているという点で，上場企業に関する結果とは異なっている．まず設備投資関数（パネルA）をみると，1年後，2年後の設備投資率を被説明変数とする場合に，IMPAIRの係数が正で有意であり，減損計上を行っている企業ほど設備投資を多く行う傾向にある．また，1年後の設備投資推計においては，IMPAIR*MBRATIOの係数は負で有意である．これは，土地の含み益が一定以上存在する企業では，減損計上に伴って設備投資がむしろ減少する傾向にあることを示唆している．次に土地購入関数（パネルB）をみると，IMPAIR, IMPAIR*MBRATIOの係数は，いずれも統計的に有意ではない．

　最後に，土地売却関数（パネルC）をみると，当年度と，1年後もしくは2年後において，符号が反対向きではあるが，統計的に有意な係数がいくつ

---

[15] 上場企業を対象とした推計で減損計上ダミーの係数がほとんどの場合に非有意，というここでの結果は，法人企業統計ではなく日経NEEDS Financial Questを用い，より長期にわたるデータセットを構築して減損計上ダミーの影響をみた植杉・中島・細野（2017）の表5の結果とはやや異なる．表5では，土地売却を被説明変数とする場合に減損計上ダミーの係数が有意に正であった．なぜこうした結果の差異が生じるかという点については，今後の検証課題である．

表6-7　上場企業における固定効果モデル推計結果

パネル A　新設の土地以外有形固定資産投資が被説明変数

	(1) INVEST	(2) f4INVEST	(3) f8INVEST	(4) INVEST	(5) f4INVEST	(6) f8INVEST
CF	0.0656***	0.0432***	0.0107	0.0655***	0.0431***	0.0108
	(0.0154)	(0.0155)	(0.0158)	(0.0154)	(0.0155)	(0.0158)
IMPAIR	−0.00173	−0.00189	−0.00241	−0.00967	−0.00795	0.00279
	(0.00231)	(0.00228)	(0.00232)	(0.0108)	(0.0106)	(0.0108)
MBRATIO	0.000769	0.000552	0.00191	0.000841	0.000609	0.00186
	(0.00233)	(0.00233)	(0.00239)	(0.00233)	(0.00233)	(0.00239)
IMPAIR*MBRATIO				0.00907	0.00693	−0.00593
				(0.0120)	(0.0119)	(0.0120)
dlnSALES	0.000762	0.00259***	0.00281***	0.000764	0.00260***	0.00281***
	(0.000489)	(0.000490)	(0.000499)	(0.000489)	(0.000490)	(0.000499)
lnSALES	0.00334***	0.000464	0.000152	0.00334***	0.000464	0.000153
	(0.000669)	(0.000667)	(0.000682)	(0.000669)	(0.000667)	(0.000682)
LEVERAGE	−0.00605*	−0.0125***	−0.00402	−0.00608*	−0.0125***	−0.00400
	(0.00354)	(0.00353)	(0.00362)	(0.00354)	(0.00353)	(0.00362)
Constant	−0.0176**	0.0144**	0.0105	−0.0177**	0.0143**	0.0106
	(0.00715)	(0.00715)	(0.00732)	(0.00715)	(0.00715)	(0.00732)
Observations	27,104	26,498	26,349	27,104	26,498	26,349
R-squared	0.017	0.018	0.015	0.018	0.018	0.015
Number of groups	961	945	946	961	945	946

（出所）植杉・中島・細野（2019, 表A5-1）より著者加工.

パネル B　土地購入が被説明変数

	(1) LPURCHASE	(2) f4LPURCHASE	(3) f8LPURCHASE	(4) LPURCHASE	(5) f4LPURCHASE	(6) f8LPURCHASE
CF	0.0319	0.0432**	0.0167	0.0318	0.0432**	0.0167
	(0.0196)	(0.0186)	(0.0154)	(0.0196)	(0.0186)	(0.0154)
IMPAIR	0.00408	−0.000652	0.00446*	−0.00565	−0.00475	0.00988
	(0.00292)	(0.00273)	(0.00228)	(0.0137)	(0.0127)	(0.0106)
MBRATIO	−0.0128***	0.00669**	−0.000914	−0.0127***	0.00673**	−0.000966
	(0.00295)	(0.00279)	(0.00234)	(0.00295)	(0.00279)	(0.00234)
IMPAIR*MBRATIO				0.0111	0.00468	−0.00620
				(0.0152)	(0.0142)	(0.0118)
dlnSALES	0.00187***	1.06e−05	0.000490	0.00187***	1.13e−05	0.000488
	(0.000620)	(0.000588)	(0.000488)	(0.000620)	(0.000588)	(0.000488)
lnSALES	0.00103	0.000928	0.000275	0.00103	0.000928	0.000276
	(0.000847)	(0.000800)	(0.000667)	(0.000847)	(0.000800)	(0.000667)
LEVERAGE	0.0142***	−0.00119	−0.00140	0.0141***	−0.00121	−0.00139
	(0.00448)	(0.00424)	(0.00354)	(0.00448)	(0.00424)	(0.00354)
Constant	0.00682	−0.00605	0.00429	0.00674	−0.00609	0.00434
	(0.00906)	(0.00857)	(0.00716)	(0.00906)	(0.00857)	(0.00716)
Observations	27,104	26,501	26,351	27,104	26,501	26,351
R-squared	0.006	0.004	0.001	0.006	0.004	0.001
Number of groups	961	947	947	961	947	947

（出所）植杉・中島・細野（2019, 表A5-1）より著者加工.

パネルC　土地売却が被説明変数

	(1) LSALES	(2) f4LSALES	(3) f8LSALES	(4) LSALES	(5) f4LSALES	(6) f8LSALES
CF	0.0774***	0.00571	−0.00338	0.0774***	0.00580	−0.00333
	(0.0147)	(0.0137)	(0.0118)	(0.0147)	(0.0137)	(0.0118)
IMPAIR	0.00196	−0.000111	−0.00150	0.00271	0.00844	0.00306
	(0.00218)	(0.00200)	(0.00173)	(0.0102)	(0.00934)	(0.00804)
MBRATIO	−0.00103	−0.00153	−0.000993	−0.00104	−0.00162	−0.00104
	(0.00230)	(0.00210)	(0.00178)	(0.00231)	(0.00210)	(0.00179)
IMPAIR*MBRATIO				−0.000864	−0.00977	−0.00521
				(0.0114)	(0.0104)	(0.00897)
dlnSALES	0.00166***	0.00213***	0.00159***	0.00166***	0.00213***	0.00159***
	(0.000468)	(0.000434)	(0.000375)	(0.000468)	(0.000434)	(0.000375)
lnSALES	−0.00105	0.00210***	0.00178***	−0.00105	0.00210***	0.00178***
	(0.000646)	(0.000599)	(0.000519)	(0.000646)	(0.000599)	(0.000519)
LEVERAGE	0.00320	0.00714**	0.00343	0.00320	0.00717**	0.00345
	(0.00338)	(0.00314)	(0.00272)	(0.00338)	(0.00314)	(0.00272)
Constant	0.0148**	−0.0167***	−0.0133**	0.0148**	−0.0166***	−0.0133**
	(0.00696)	(0.00643)	(0.00555)	(0.00696)	(0.00643)	(0.00555)
Observations	26,997	26,380	26,215	26,997	26,380	26,215
R-squared	0.005	0.010	0.011	0.005	0.010	0.011
Number of groups	955	941	941	955	941	941

（出所）植杉・中島・細野（2019, 表A5-1）より著者加工.

か存在する．当年度の土地売却率を被説明変数とすると，IMPAIRの係数が正，IMPAIR*MBRATIOの係数が負である．減損計上を行う企業ほど土地売却を行う傾向にあること，土地の含み益が一定以上存在する企業では，減損計上に伴ってむしろ土地売却が減少する傾向にあること，が分かる．一方で，1年後もしくは2年後の土地売却率を被説明変数とすると，IMPAIRの係数が負，IMPAIR*MBRATIOの係数が正である．減損計上を行う企業ほど後年における土地売却は行わない，土地の含み益が多く存在する企業では，減損計上に伴ってむしろ土地売却を増やすこと，が分かる．もっとも，これらの係数とMBRATIOの分布をみる限りにおいては，大半の場合において，減損計上により土地を売却する企業の比率が高まると考えられる．

　非上場企業に関するこれらの結果を踏まえると，いずれの仮説が当てはまっているのだろうか．第1に，減損計上は，非上場企業の設備投資を減少させるのではなく，一定の時間をおいてむしろそれを増加させる効果を持っている．またその効果は，土地の含み益が少ない企業において多い企業よりも強い．これらは，減損計上により，企業の公表する財務情報の透明性への

表6-8　非上場企業における固定効果モデル推計結果
パネルA　新設の土地以外有形固定資産投資が被説明変数

	(1) INVEST	(2) f4INVEST	(3) f8INVEST	(4) INVEST	(5) f4INVEST	(6) f8INVEST
CF	0.105***	0.0614***	0.0294	0.105***	0.0614***	0.0294
	(0.0192)	(0.0205)	(0.0210)	(0.0192)	(0.0205)	(0.0210)
IMPAIR	−0.00182	0.0100**	0.0123***	−0.0149	0.0572***	0.0329*
	(0.00482)	(0.00464)	(0.00470)	(0.0188)	(0.0181)	(0.0185)
MBRATIO	−0.00112	−0.00762	−0.0141**	−0.00102	−0.00804	−0.0143**
	(0.00592)	(0.00617)	(0.00642)	(0.00592)	(0.00617)	(0.00642)
IMPAIR*MBRATIO				0.0187	−0.0675***	−0.0295
				(0.0260)	(0.0251)	(0.0257)
dlnSALES	0.000961	0.00316***	0.00584***	0.000968	0.00313***	0.00583***
	(0.000871)	(0.000905)	(0.000941)	(0.000871)	(0.000905)	(0.000941)
lnSALES	0.00170	−0.00131	−0.00625***	0.00169	−0.00126	−0.00622***
	(0.00131)	(0.00137)	(0.00144)	(0.00131)	(0.00137)	(0.00145)
LEVERAGE	−0.00464***	−0.00234	−0.000784	−0.00463***	−0.00238	−0.000799
	(0.00153)	(0.00148)	(0.00152)	(0.00153)	(0.00148)	(0.00152)
Constant	0.0183	0.0438***	0.0893***	0.0183	0.0438***	0.0893***
	(0.0121)	(0.0128)	(0.0135)	(0.0121)	(0.0128)	(0.0135)
Observations	28,659	24,538	23,332	28,659	24,538	23,332
R-squared	0.006	0.006	0.008	0.006	0.006	0.008
Number of groups	1,944	1,367	1,337	1,944	1,367	1,337

（出所）植杉・中島・細野（2019, 表A5-2）より著者加工.

パネルB　土地購入が被説明変数

	(1) LPURCHASE	(2) f4LPURCHASE	(3) f8LPURCHASE	(4) LPURCHASE	(5) f4LPURCHASE	(6) f8LPURCHASE
CF	0.0349***	0.0199	0.000493	0.0349***	0.0198	0.000502
	(0.0133)	(0.0129)	(0.0112)	(0.0133)	(0.0129)	(0.0112)
IMPAIR	0.000365	−0.00334	−0.000167	−0.0115	0.00844	−0.00543
	(0.00333)	(0.00293)	(0.00251)	(0.0130)	(0.0114)	(0.00988)
MBRATIO	0.0451***	−0.0123***	−0.0183***	0.0452***	−0.0124***	−0.0182***
	(0.00410)	(0.00389)	(0.00343)	(0.00410)	(0.00390)	(0.00343)
IMPAIR*MBRATIO				0.0169	−0.0169	0.00755
				(0.0179)	(0.0158)	(0.0137)
dlnSALES	0.000994*	0.00127**	0.000750	0.00100*	0.00126**	0.000754
	(0.000602)	(0.000570)	(0.000501)	(0.000602)	(0.000570)	(0.000501)
lnSALES	0.00104	0.000778	0.000990	0.00103	0.000791	0.000983
	(0.000909)	(0.000863)	(0.000770)	(0.000909)	(0.000863)	(0.000770)
LEVERAGE	0.000145	−0.000461	−5.17e−05	0.000153	−0.000469	−4.80e−05
	(0.00106)	(0.000933)	(0.000811)	(0.00106)	(0.000933)	(0.000811)
Constant	−0.0438***	0.0138*	0.0143**	−0.0438***	0.0138*	0.0143**
	(0.00834)	(0.00809)	(0.00718)	(0.00834)	(0.00809)	(0.00718)
Observations	28,659	24,564	23,353	28,659	24,564	23,353
R-squared	0.008	0.003	0.003	0.008	0.003	0.003
Number of groups	1,944	1,371	1,339	1,944	1,371	1,339

（出所）植杉・中島・細野（2019, 表A5-2）より著者加工.

パネルC　土地売却が被説明変数

	(1) LSALES	(2) f4LSALES	(3) f8LSALES	(4) LSALES	(5) f4LSALES	(6) f8LSALES
CF	0.0187	0.0103	− 0.0121	0.0188	0.0103	− 0.0122
	(0.0143)	(0.0169)	(0.0153)	(0.0143)	(0.0169)	(0.0153)
IMPAIR	0.0123***	− 0.00631*	0.00108	0.0378***	− 0.00423	− 0.0253*
	(0.00327)	(0.00362)	(0.00325)	(0.0135)	(0.0152)	(0.0137)
MBRATIO	0.0112***	− 0.00125	− 0.000479	0.0109***	− 0.00128	− 0.000125
	(0.00402)	(0.00476)	(0.00443)	(0.00403)	(0.00476)	(0.00444)
IMPAIR*MBRATIO				− 0.0375*	− 0.00305	0.0387**
				(0.0192)	(0.0216)	(0.0195)
dlnSALES	0.00304***	0.00359***	0.00218***	0.00303***	0.00359***	0.00220***
	(0.000634)	(0.000733)	(0.000672)	(0.000634)	(0.000733)	(0.000672)
lnSALES	− 0.00314***	− 0.000413	0.000708	− 0.00312***	− 0.000411	0.000686
	(0.00103)	(0.00120)	(0.00110)	(0.00103)	(0.00120)	(0.00110)
LEVERAGE	0.0157***	0.0107***	0.00860**	0.0156***	0.0107***	0.00871**
	(0.00336)	(0.00408)	(0.00372)	(0.00336)	(0.00408)	(0.00372)
Constant	0.0104	0.00653	− 0.00660	0.0106	0.00655	− 0.00682
	(0.00927)	(0.0109)	(0.0100)	(0.00927)	(0.0109)	(0.0100)
Observations	25,975	22,726	21,614	25,975	22,726	21,614
R-squared	0.006	0.005	0.006	0.006	0.005	0.006
Number of groups	1,601	1,221	1,194	1,601	1,221	1,194

（出所）植杉・中島・細野（2019, 表A5-2）より著者加工.

評価が高まり企業の投資環境が改善している可能性や，投資の土地資産の含み益への感応度が低下している可能性を，それぞれ示唆している．第2に，減損計上のその時点における効果をみると，非上場企業による土地売却を促進する傾向にある．またその傾向は，土地の含み益が少ない企業において多い企業よりも顕著である．これらは，減損計上に伴う会計上の損失だけではなく，保有している土地に関する含み損が大きい企業ほど税務上の損失を計上するために，土地を売却する行動に出やすいことを示唆している．

　減損計上が上場企業よりも非上場企業の企業行動に有意に影響するという結果は，なぜ生じているのだろうか．この結果の違いには，金融機関や資本市場が企業の状況に関する情報をあらかじめどの程度有しているか，減損計上という事象が企業の状況にどの程度の追加的な情報を与えるか，という点が影響を及ぼしていると思われる．非上場企業では，資金を供給する側と企業との間での非対称情報の程度が著しいために，減損計上という企業側の行動に大きな情報が含まれている．一方の上場企業では，保有している有形固

定資産の内容も開示されている情報からある程度明らかであり，減損計上という企業側の行動があらかじめ資金を供給する側の予想に織り込まれている可能性がある．企業の価値に関する新しい情報をより多くもたらしたために，減損計上が非上場企業の設備投資や資産売却に影響したと考えられる．

6.4　まとめ

　本章では，2005年度に上場企業を対象に開始された固定資産の減損会計適用が，有形固定資産の再配分にもたらした影響について検証した．制度変更の強制適用対象であった上場企業では，新設設備投資，土地購入，土地売却のいずれについても，固定資産の減損計上は有意な影響をもたらさなかった．

　一方の非上場企業では，固定資産の減損計上に伴い，土地売却が増加するとともに，減損計上1年目以降に土地以外有形固定資産の新設投資が増加している．減損計上に伴い，企業間の有形固定資産の再配分の規模が拡大するとともに，土地から土地以外の有形固定資産に資産内容が入れ替わったと解釈することができる．

第7章

おわりに

　本書では，資金調達における企業間の異質性に注目し，有利子負債などで
測ったその再配分動向やその効率性をみた．また，同様の分析手法を土地や
建物，設備といった有形固定資産にも適用して，企業間の資産再配分動向を
計測した．さらに，会計上の制度変更が有形固定資産の再配分に及ぼす影響
についても分析した．

　各章で得られた結果を踏まえた上で，今後の研究課題としては以下の2点
を挙げることができる．

有形固定資産の企業間の再配分メカニズムに関する分析

　第5章では，有形固定資産の再配分に関する動向と生産性との関係を示し
た．一方で，再配分のメカニズムについては，先行研究でいくつかの可能性
が指摘されている．資金制約の強い小規模企業や若い企業ほど，取得費用は
小さいが後で維持費用が必要となる中古の有形固定資産を購入する傾向にあ
る（Eisfeldt and Rampini, 2007; Ma, Murfin, and Pratt, 2022）．時間を通じた再配
分程度は景気と順相関しており，景気後退時に情報生産に係る費用が増加す
ることが原因として考えられる（Eisfeldt and Rampini, 2006）．

　土地に関する再配分についても，農業分野に焦点を当てた分析が多く存在
している．所有権が十分に確立していないといった国や土地を持たない層に
配分するといった制度変更に注目して，土地の再配分動向と農業の生産性と
の関係が研究されている（Adamopoulos et al., 2022; Adamopoulos and Restuccia,
2020; Gottlieb and Grobovsek, 2019）．

　日本における土地やその他有形固定資産の再配分動向についても，その要
因を明らかにする研究を行う余地がある．

資金と有形固定資産の再配分との連関に係る分析

加えて，有利子負債や金融機関借入金の企業間再配分と，土地やそれ以外の有形固定資産の企業間再配分の動向を比較すると，両者の関係として以下の2点を指摘することができる．

第1に，図3-2と図5-1を比較すると，有利子負債における資金再配分の時系列推移は，バブル期を境にして大きくその水準が低下したという点，2000年代半ばにある程度増加したという点において，土地の再配分のそれに類似している．一方で，土地以外の有形固定資産における再配分程度は，時間とともに緩やかに増え続け特に世界金融危機時には急増しているし，土地以外の有形固定資産の新設投資もその変化の程度が緩やかであり，資金再配分とは動きが大きく異なる．このことは，日本企業における負債性資金の配分が，バブル崩壊前後においてもそれ以降にもおいても，土地の取引と密接な結びつきを持っている可能性を示唆している．

第2に，資金と土地の再配分を増加と減少，購入と売却に分解してみると，2000年代の半ばにおいて土地の売却と資金の減少が軌を一にして増加している．この時期の企業部門では，土地の売却に伴う借入金の返済が大規模に行われたことを示唆する．それぞれの規模が最大であった時期は，資金減少では2004年度第4四半期，土地売却では2005年度第1四半期である．2005年度は，減損会計の上場企業への強制適用が始まった時点である．会計上の制度変更による土地資産の減損計上が，何らかの経路で企業による土地売却に影響した可能性がある．第6章では，非上場企業における土地売却は減損計上によって増加すること，その程度は保有土地の含み益が小さい企業ほど著しいことを示した．これは，減損計上に伴う会計上の損失だけではなく，保有している土地に関する含み損が大きい企業ほど，土地を売却する行動に出やすいことを示唆している．こうした行動の背景には，税務上の利益を圧縮して法人税額を減らしたいと考える企業の意思が影響している可能性がある．こうした可能性を含むより詳細なメカニズムの解明は，今後の課題である．

植杉威一郎・坂井功治（2017）「日本企業の資金再配分」RIETI Discussion Paper Series, 15-J-035.

植杉威一郎・中島賢太郎・細野薫（2017）「減損会計は企業投資行動に影響を及ぼすか（改訂版）」RIETI Discussion Paper Series 17-J-033.

植杉威一郎・中島賢太郎・細野薫（2019）「減損会計は企業投資行動に影響を及ぼすか（改訂版）」RIETI Discussion Paper Series 17-J-033.

植杉威一郎（2022）『中小企業金融の経済学　金融機関の役割　政府の役割』日本経済新聞出版.

小川一夫・北坂真一（1998）『資産市場と景気変動現代日本経済の実証分析』日本経済新聞社.

木村晃久（2015）減損損失の認識頻度とタイミングの企業間差異」横浜経営研究36(1), 105-132.

玄田有史（2004）『ジョブ・クリエイション』日本経済新聞社.

胡丹・車戸祐介（2012）「日本における減損会計に関する実証分析」会計プログレス第13号.

財務省財務総合政策研究所（2007）「法人企業統計調査附帯調査（「固定資産の減損会計」の導入について）（平成18年度）について」

大日方隆・岡田隆子（2008）「減損会計上企業の会計行動」CIRJE-J-194.

深尾京司（2012）『「失われた20年」と日本経済：構造的原因と再生への原動力の解明』日本経済新聞出版社.

藤山敬史（2015）「減損会計の裁量性に関する実証的考察」一橋大学大学院商学研究科博士論文.

向伊知郎・盛田良久（2006）「減損会計基準適用企業の特質」企業会計58(10).

Abu Ghazaleh, N. M., O. M. Al-Hares, and C. Roberts（2011）"Accounting Discretion in Goodwill Impairments: UK Evidence," Journal of International Financial Management and Accounting, 22(3), 165-204.

Adamopoulos, Tasso and Diego Resuccia（2020）"Land Reform and Productivity: A Quantitative Analysis with Micro Data," American Economic Journal: Macroeconomics, 12 (3), 1-39.

Adamopoulos, Tasso, Loren Brandt, Jessica Leight, and Diego Resctuccia（2022）"Misallocation, Selection, and Productivity: A quantitative analysis with panel data from China," Econometrica, 90(3), 1261-1282.

Barlevy, Gadi（2003）"Credit market frictions and the allocation of resources over the business cycle," Journal of Monetary Economics, 50(8), 1795-1818.

Becsi, Zsolt, Victor E. Li, and Ping Wang (2005) "Heterogeneous borrowers, liquidity, and the search for credit,"Journal of Economic Dynamics and Control, 29(8), 1331-1360.

Berglöf, Erik and Gérard Roland (1997) "Soft budget constraints and credit crunches in financial transition," European Economic Review, 41 (3-5), 807-817.

Bruche, Max and Gerard Llobet (2014) "Preventing zombie lending," Review of Financial Studies, 27(3), 923-956.

Bushman, R. M., J. D. Piotroski, and A. J. Smith (2011) "Capital allocation and timely accounting recognition of economic losses," Journal of Business Finance and Accounting, 38(1), 1-33.

Caballero, Ricardo J. and Mohamad L. Hammour (2005) "The cost of recessions revisited: A reverse-liquidationist view," Review of Economic Studies, 72(2), 313-341.

Caballero, Ricardo J. and Mohamad L. Hammour (1994) "The cleansing effect of recessions," American Economic Review, 84(5), 1350-1368.

Caballero, Ricardo J., Takeo Hoshi, and Anil K. Kashyap (2008) "Zombie lending and depressed restructuring in Japan.," American Economic Review, 98(5), 1943-1977.

Chamley, Christophe and Celine Rochon (2011) "From Search to Match: When Loan Contracts Are Too Long," Journal of Money, Credit and Banking, 43(s2), 385-411.

Cuong, Ly Kim, Katsutoshi Shimizu, and Weihan Cui (2020) "The determinants of negative net leverage policy: New evidence from Japan," Economic Modelling, 97, 449-460.

Davis, Steven J. and John Haltiwanger (1992) "Gross job creation, gross job destruction, and employment reallocation," Quarterly Journal of Economics, 107(3), 819-863.

Davis, Steven J., John C. Haltiwanger, and Scott Schuh (1996) Job Creation and Destruction, MIT Press.

denHaan, Wouter J., Garey Ramey, and Joel Watson (2003) "Liquidity flows and fragility of business enterprises," Journal of Monetary Economics, 50(6), pp.1215-1241.

Dewatripont, Mathias and Eric Maskin (1995) "Credit and efficiency in centralized and decentralized economies," Review of Economic Studies, 62(4), 541-555.

Eisfeldt, Andrea L. and Adriano A. Rampini (2006) "Capital reallocation and liquidity," Journal of Monetary Economics, 53, 369-399.

Eisfeldt, Andrea L. and Adriano A. Rampini (2007) "New or used? Investment with credit constraints," Journal of Monetary Economics, 54, 2656-2681.

Foster, L., C. Grim, and J. Haltiwanger (2016) "Reallocation in the Great Recession: Cleansing or Not?" Journal of Labor Economics 34(1), S293-S331.

Francis, J.R. and X. Martin (2010) "Acquisition profitability and timely loss recognition," Journal of Accounting and Economics, 49, 161-178.

Fukuda, Shinichi, and Junichi Nakamura (2011) "Why did 'zombie' firms recover in Japan?"

The World Economy, 34(7), 1124-1137.

Gan, J. (2007) "Collateral, debt capacity, and corporate investment: Evidence from a natural experiment," Journal of Financial Economics, 85, 709-734.

Garcia Lara, J. M., B. Garcia Osma, and F. Penalva (2016) "Accounting conservatism and firm investment efficiency," Journal of Accounting and Economics, 61, 221-238.

Gottlieb, Charles and Jan Grobovsek (2019) "Communal land and agricultural productivity," Journal of Development Economics, 138, 135-152.

Hazama, M., K. Hosono, and I. Uesugi (2016) "The Effect of Real Estate Prices on Banks' Lending Channel," HIT-REFINED Working Paper Series No. 66.

Herrera, Ana, Maria, Marek Kolar, and Raoul Minetti (2011) "Credit reallocation," Journal of Monetary Economics, 58(6-8), 551-563.

Hyun, Junghwan and Raoul Minetti (2019) "Credit reallocation, deleveraging, and financial crises," Journal of Money, Credit and Banking, 51(7), 1889-1921.

Jarva, Henry (2009) "Do firms manage fair value estimates? An examination of SFAS 142 goodwill impairments," Journal of Business Finance & Accounting, 36(9-10), 1059-1086

Jordan, C. and S. Clark (2004) "Big bath earnings management: the case of goodwill impairment under SFAS No. 142," Journal of Applied Business Research, 20(2), 63-70.

Lian, Chen and Yueran Ma (2021) "Anatomy of Corporate Borrowing Constraints Get access Arrow," Quarterly Journal of Economics, Volume 136, Issue 1, 229-291.

Ma, Song, Justin Murfin, and Ryan Pratt (2022) "Young firms, old capital," Journal of Financial Economics, 146, 331-356.

Osotimehin, Sophie and Francesco Pappadà (2017) "Credit frictions and the cleansing effect of recessions," Economic Journal, 127(602), 1153-1187.

Peek, Joe and Eric S. Rosengren (2005) "Unnatural selection: Perverse incentives and the misallocation of credit in Japan," American Economic Review, 95(4), 1144-1166.

Riedl, E. J. (2004) "An examination of long-lived asset impairments," Accounting Review, 79 (3), 823-852.

Sakai, Koji and Iichiro Uesugi (2021) "The Extent and Efficiency of Credit Reallocation during Economic Downturns," RIETI Discussion Paper Series, 19-E-004.

Sekine, Toshitaka, Keiichiro Kobayashi, and Yumi Saita (2003) "Forbearance Lending: The Case of Japanese Firms," Monetary and Economic Studies, 21(2), 69-92.

Tsuruta, Daisuke (2016) "No lending relationships and liquidity management of small businesses during a financial shock," Journal of the Japanese and International Economies, 42, 31-46.

Uesugi, Iichiro, Kaoru Hosono, Daisuke Miyakawa, Arito Ono, and Hirofumi Uchida (2018) "Reallocation of Tangible Assets and Productivity," RIETI Discussion Paper Series 18-E-048.

著者紹介

植杉威一郎

1993 年	東京大学経済学部卒業
2000 年	カリフォルニア大学サンディエゴ校
	経済学博士課程修了（Ph.D. in Economics）
2007 年	一橋大学経済研究所世代間問題研究機構准教授
2011 年	一橋大学経済研究所准教授
現在	一橋大学経済研究所教授
	元. 三菱経済研究所兼務研究員

日本企業における資金再配分
―企業レベルデータに基づく検証―

2023 年 3 月 30 日　発行

定価　本体 1,000 円＋税

著　　者	植 杉 威 一 郎
発 行 所	公益財団法人　三菱経済研究所
	東 京 都 文 京 区 湯 島 4-10-14
	〒113-0034 電話 (03)5802-8670
印 刷 所	株式会社 国 際 文 献 社
	東 京 都 新 宿 区 山 吹 町 332-6
	〒162-0801 電話 (03)6824-9362

ISBN 978-4-943852-90-2

2023

ISBN 978-4-943852-90-2 C3033 ¥1000E